WAGS

Jessica Ziółek

WAGS

CAŁA PRAWDA
O KOBIETACH
PIŁKARZY

HARDE
WYDAWNICTWO

OD AUTORKI

Czy zastanawialiście się kiedyś nad tym, że nic nie dzieje się bez przyczyny? Na niewiele rzeczy mamy wpływ, nie wszystko układa się tak, jak byśmy pragnęli. Mimo to wciąż możemy pomóc szczęściu, nadać życiu właściwy kierunek. Jesteśmy kowalami własnego losu, ponieważ ponosimy odpowiedzialność za nasze decyzje i wybory. To od nas zależy, jak wykorzystamy daną nam szansę czy talent. Możemy wpływać na jakość związków, w których jesteśmy, pielęgnując siebie i partnera, dbać o samorozwój i dobrostan. Możemy też czerpać radość z wytyczania sobie celów i dążenia do spełniania marzeń. Lecz nic nie wydarzy się samo. Ciężka praca, upór i wiara w siebie to środki do osiągnięcia celu.

Moja historia jako WAG zaczęła się bardzo dawno temu. Wtedy nikt jeszcze nie doradzał mi, co mam robić, jak przetrwać w świecie, którego częścią się stałam. Ja i mój ówczesny partner poznaliśmy się przypadkiem. W chwili, gdy nasze spojrzenia się spotkały... przepadłam. Od razu poczułam, że to nie będzie epizod, przelotny romans, o którym szybko zapomnę. To była miłość od pierwszego wejrzenia.

Zaczęliśmy się spotykać, chociaż trochę się tego bałam. Wiedziałam, czym mój chłopak się zajmuje i kim jest – piłkarzem. A wiadomo, jaką piłkarze mają opinię: żyją ponad stan i zmieniają dziewczyny jak rękawiczki. Zdawałam sobie sprawę, że mogę być zbyt słaba i zdecydowanie za mało przygotowana na to, by przetrwać w tym środowisku. Niejednokrotnie powtarzałam sobie, że nie pasuję do roli WAG, że wolałabym wieść proste życie, byle tylko już zawsze patrzył na mnie z taką czułością jak wtedy.

Na początku byliśmy zwyczajną parą... Taką, która chodzi na randki do kina czy kawiarni. Nie było nas stać na luksusowe zakupy i drogie wakacje. W końcu udało nam się wspólnie zamieszkać. Na śniadanie jedliśmy tosty albo płatki na mleku. Nie kupowaliśmy kawioru, ostryg, szampana. Pierwsza torebka, jaką od niego dostałam, nie była Prady, tylko z Bershki i kosztowała siedemdziesiąt dziewięć złotych. Nie byliśmy bogaci, ale to wcale nas nie martwiło. On chciał po prostu dobrze grać, a ja pragnęłam być z nim. I nagle ruszyła lawina. Stawał się coraz lepszym zawodnikiem, podpisywał pierwsze kontrakty, dostał propozycję transferu, a to wiązało się z koniecznością przeprowadzki.

Natomiast ja miałam w Polsce swoje życie, szkołę, rodzinę, przyjaciół. Wydawało mi się wtedy, że nie dam rady z nim wyjechać. Z drugiej strony nie mogłam stanąć mu na drodze do kariery, to był jego czas, jego niepowtarzalna szansa. Czy myślałam o związku na odległość? Nie. Nie wierzyłam, że to mogłoby się udać.

Mimo to pragnęliśmy być razem i tylko to się liczyło.

Moi rodzice nie chcieli słyszeć o wyjeździe do innego kraju. Chodziłam wtedy do drugiej klasy liceum, mama uważała, że powinnam skończyć szkołę. Przekonywała mnie, że miłość zaczeka. Rozpaczałam, wciąż rozważałam wszystkie za i przeciw. Ostatecznie musiałam zostać. Czekała nas rozłąka. On wyjechał zagranicę. Pół roku żyliśmy na odległość. Codziennie po lekcjach biegłam do komputera, by się z nim połączyć, ale często przebywał wtedy na treningu. Jednak nie poddawaliśmy się. Dzwoniliśmy do siebie regularnie, rozmawialiśmy przez Skype'a, mówiliśmy sobie o wszystkim, każdy wolny weekend spędzaliśmy razem. Coraz bardziej utwierdzaliśmy się w naszej miłości. Podczas gdy moje koleżanki chodziły do kina, na dyskoteki, organizowały wspólne wypady, ja wolałam zostawać w domu, by spędzać z nim czas na rozmowie. Zawsze powtarzaliśmy sobie, że nieważne, jak daleko od siebie jesteśmy, i tak patrzymy w to samo niebo... „Spójrz... jestem obok...".

Do mojej mamy po jakimś czasie dotarło, że ta miłość jest dla mnie najważniejsza. Jej upór w zatrzymaniu mnie w domu może bardziej zaszkodzić niż pomóc. Dostałam od rodziców zielone światło, kiedy obiecałam, że skończę szkołę. Odebrałam świadectwo ukończenia drugiej klasy liceum i mogłam w końcu do niego pojechać.

Przyjechałam do mojego chłopaka w dobrym momencie. Potrzebował mojego wsparcia, nie był w najlepszej formie psychicznej. Niewiele wtedy grał, a żaden piłkarz nie jest szczęśliwy, gdy grzeje ławkę. Żaden. W grze bierze udział jedenastu zawodników z jednej drużyny, a reszta chłopaków marzy, by wziąć udział w meczu. Dlatego każdego dnia dodawałam mu wiary w siebie. Powtarzałam, by się nie poddawał.

To był wspaniały czas, ale zdarzały się też trudne chwile. Nasze nastroje, a zwłaszcza mojego partnera, uzależnione były od tego, czy dobrze poszło mu na boisku. Często szaleliśmy z radości i rozpierała nas duma, ale nieraz też połykaliśmy łzy. Musieliśmy też zacząć radzić sobie z życiem na świeczniku. Z ciemną stroną bycia osobami publicznymi. Z nienawiścią, zazdrością, hejtem.

Trudno to udźwignąć. Zwłaszcza wrażliwcom. Jedni są odporniejsi na krytykę i potrafią przejść obok negatywnych komentarzy niemal obojętnie, inni przeżywają szok i mogą się załamać. Plus, jak wiadomo, sportowcy ulegają kontuzjom, a wtedy muszą na pewien czas zawiesić udział w meczach i treningach, i skupić się na rehabilitacji. To dla nich olbrzymi stres, a kiedy dodatkowo dowiadują się z mediów, że ktoś zastąpi ich w drużynie, przeżywają ogromny lęk o swoją karierę.

Dlatego rodzina jest ostoją piłkarza, a dom miejscem, gdzie odzyskuje spokój i równowagę psychiczną. Twierdzą, w której czeka na niego ta druga kochająca osoba. Przytuli, pocieszy, zrozumie. Dom dla wielu piłkarzy jest azylem i ucieczką od zawodowej rzeczywistości, miejscem, gdzie mogą prowadzić zwykłe, normalne życie z dala od fleszy. Gdzie nie muszą być na pokaz i grać *show* jak na boisku... W domu jest miłość.

Co działo się ze mną, gdy robiłam wszystko, by on był szczęśliwy? Prawda jest taka, że utonęłam w jego świecie. Całkowicie straciłam poczucie własnej wartości. Byłam tylko trybikiem w maszynie powołanej do obsługi gwiazdy futbolu. Przestałam myśleć o swoich potrzebach, widziałam tylko JEGO.

Dużo musiało się stać, żebym zrozumiała, jak wielki był to błąd. Nawet dziś wciąż ktoś mnie pyta, dlaczego nie jesteśmy już razem. Powiem tylko tyle: każda rozsądna kobieta w mojej sytuacji podjęłaby pewnie takie same decyzje... Pamiętam, jak siedziałam w Gdańsku na plaży... patrzyłam na morze, wsłuchiwałam się w szum fal. Była szósta rano, wokół panowała cisza... tylko ja i moje myśli. Obok mnie leżał mój najlepszy czworonożny przyjaciel. Mocno go przytuliłam i powiedziałam: „Przepraszam siebie za to, że nigdy o siebie nie zawalczyłam. Nadszedł czas, by odejść, uwolnić się i zacząć od nowa. Nic nie dzieje się bez powodu.".

Chciałabym zabrać Was dziś do świata WAGs – żon i partnerek piłkarzy. Pokazać Wam, z czym na co dzień się mierzą, jak naprawdę wygląda ich życie? Czy są tak szczęśliwe, jak ludziom się wydaje? Czy ich czas wolny wypełniają jedynie zakupy, podróże i imprezy na jachtach? Chciałabym opisać, jak wygląda to życie z mojej perspektywy, z perspektywy WAG. Nie jestem główną bohaterką tej książki, podobnie jak jej mąż. Bohaterowie tej książki są zlepkiem różnych osób, wydarzeń i sytuacji. Ich imiona zostały wymyślone, a historia jest fikcyjna, chociaż większość opisanych sytuacji ma odbicie w rzeczywistości. Chciałabym żebyście dzięki tej książce mogły poczuć prawdziwe emocje i wyobrazić sobie, jak to jest być WAG. Jakie one są? Czy są szczęśliwe? Jak wygląda ich dzień?

Czy te obrazki w social mediach są prawdziwe? A może za fasadą nieskazitelnego makijażu kryją się smutek i łzy...?

Od dwunastu lat funkcjonuję w tym środowisku, zobaczyłam i przeżyłam niejedno. Poznałam różne kobiety i różnych piłkarzy, polskich i zagranicznych. Dowiedziałam się też, kim tak naprawdę jestem: wymyśloną przez media postacią czy może osobą, która ma szansę odmienić życie niejednej młodej dziewczyny. Znam każdą ligę i każdy stadion. Pół życia obserwowałam, jak to jest być WAG.

Nigdy nie lubiłam tego określenia. W Polsce kojarzy się z dziewczyną bez ambicji, która żyje w cieniu gwiazdy sportu, korzystając z jej bogactwa i przywilejów. Nic bardziej mylnego. Nikt nigdy nie spojrzał na życie dziewczyn piłkarzy obiektywnie. Widzimy to, co powierzchowne: luksusowe torebki, samochody, wyjazdy. Natomiast hejt, presja, strach, samotność, terror bycia perfekcyjną, zazdrość, oskarżenia, to tylko część zjawisk, z którymi muszą borykać się niemal każdego dnia.

Nie oceniaj książki po okładce. Pamiętaj, że widzisz tylko wycinki z naszego życia i nie masz pojęcia, jak naprawdę ono wygląda. Chciałabym, żeby każda z Was mogła choć przez chwilę poczuć się jak ja, osoba, która codziennie musi uważać na wszystko co robi i mówi, ponieważ każdy jej ruch zostanie odnotowany w social mediach. Każda WAG, która decyduje się na potomstwo, liczy się z tym, że nieustannie będzie oceniana. A kiedy partnerka piłkarza zapragnie studiować i uczyć się, może być pewna, że usłyszy, że udaje mądrą. Jeśli panuje założyć swój biznes – wmówią jej, że robi to za pieniądze sławnego partnera.

Zazdrość i nienawiść towarzyszą partnerkom piłkarzy praktycznie zawsze.

Natomiast ja wiem, że prawda wygląda inaczej. Poznałam wiele wspaniałych dziewczyn piłkarzy, mądrych, pięknych, mających ciekawe osobowości, pasje, ambicje i marzenia. Poznałam też wzorowe pary oraz rodziny piłkarzy zwyczajnie szczęśliwe, kochające się, nie zdradzające, nie oszukujące i nie wzbudzające sensacji.

Mimo to środowisko sportowców różni się bardzo od tego, które znacie ze „zwykłego" życia. Wszędzie można znaleźć ludzi, którym pieniądze i sława uderzają do głowy jak woda sodowa oraz takich, którzy potrafią zachować umiar. Tylko od nas zależy, jacy jesteśmy. Od tego, co mamy w głowach i sercach.

Tysiące dziewcząt pragną zostać WAG. Wydaje im się, że to najlepsza inwestycja, tak przynajmniej przedstawiają nas social media. Czy warto? Na to pytanie musicie odpowiedzieć sobie same.

Pewnie zastanawiacie się, dlaczego napisałam tę książkę. Chciałam przybliżyć wam ten świat, zanim po raz kolejny kogoś niesłusznie ocenicie. Zanim wydacie werdykt. Nie wszystko co złote, jest piękne. Nie za każdym uśmiechem kryje się szczęśliwy człowiek. A cena, jaką czasem trzeba zapłacić za bycie WAG, potrafi być naprawdę wysoka.

Wierzę też w to, że mężczyźni, kiedy przeczytają tę książkę, docenią drugą osobę, tę która zawsze ich wspiera, dopinguje i czasem w samotności przełyka łzy. Nie ma większej siły niż miłość. Ale czasem nawet ona nie wystarcza...

W tej książce napisałam dużo prawdy o swoim życiu. Ale nie jest to moja biografia. Nie zamierzam się jednak tłumaczyć, co wydarzyło się rzeczywiście, a co jest fikcją literacką. Jak potoczą się losy głównej bohaterki mojej powieści? Jak wyglądało jej życie na świeczniku, w blasku fleszy? Przeczytajcie i dowiedzcie się. I odpowiedzcie sobie na pytanie, czy jesteście pewni, że chcecie wejść w jej buty i przeżyć z nią to wszystko, co ona przeżyła, czy może zrezygnujecie już po pierwszym zakręcie?

Jessica Ziółek

Wstęp

Sportowa rywalizacja toczy się na boisku do piłki nożnej pokrytym naturalną lub sztuczną trawą, na obszarze o wymiarach sto pięć na sześćdziesiąt osiem metrów. Jednak rywalizacja nie kończy się wraz z meczem. Przynajmniej nie ta sportowa.

Zawsze marzyłaś o tym, żeby zostać WAG? Żeby nosić top pasujący kolorystycznie do lśniących końcówek paznokci? Żeby chodzić po domu mającym kilkaset metrów kwadratowych, z prywatnym basenem, kinem, siłownią i garderobą, która jest większa niż przeciętne mieszkanie Kowalskiego? Mieć kolekcję najdroższych torebek, butów, ciuchów i biżuterii, których ceny przyprawiają o zawrót głowy? To wszystko jest możliwe, musisz jednak spełnić kilka warunków. Ten najważniejszy brzmi: przyklej sobie uśmiech do twarzy i nie pozwól, żeby konkurencja ci go zmyła. Bo wtedy możesz zniknąć z pola, usiąść na ławce rezerwowych i nigdy więcej nie wrócić do gry.

Ten świat ma dwie twarze, co pewnie dla nikogo nie jest tajemnicą. Bez wątpienia WAGs dobrze się bawią, z samych zakupów torebek w Paryżu mogłyby spłacić dług jakiegoś afrykańskiego państwa, podobnie jak z forsy, którą wydają na upiększanie samych siebie. Przez większość czasu uśmiechają się i chętnie pozują do zdjęć, ale kiedy nikt nie widzi, umierają z niepokoju, bo nie mają żadnej pewności, że za chwilę nie zostaną wymienione na nowszy model. Są kolorowe, pewne siebie i odbierane jako te, które również mają swoje ambicje i plany. Jednak wewnątrz rozsadza je totalna niepewność.

„Nigdy nie możesz się zwierzyć ze swoich obaw i lęków", mówi jedna z nich. Nie chce podawać nazwiska, ale słynie z tego, że bez względu na pogodę zawsze pokazuje swoje długie, seksowne nogi. Tylko po to, aby inni na nią patrzyli, a jej mąż zdawał sobie sprawę, jak gorącą zdobycz upolował.

„Pamiętaj o jednym – inne WAGs prędzej czy później zdradzą twoje tajemnice swoim mężom, a ci z kolei wszystko powtórzą twojemu facetowi. Ten świat to brak zaufania na najwyższym poziomie. Jesteś tutaj zdana wyłącznie na siebie. Nie masz przyjaciół, nie masz nikogo, komu możesz się zwierzyć. Może z wyjątkiem swojej mamy".

Życie WAG to wycieczki i zakupy. To również codzienność napędzana strachem przed tym, co będzie dalej, oraz brak kontroli nad tym, co dzieje się teraz. Czy będzie grał w kolejnym sezonie?

A co, jeżeli dozna kontuzji? Przeniosą go czy od razu wywalą z drużyny?

Jest coś jeszcze. Młody narybek.

„Siedziałam na trybunach, podczas kiedy inne dziewczyny podchodziły do mojego męża, siadały mu na kolanach, brały jego rękę i wkładały ją pod swoje spódnice, patrząc mi przy tym wyzywająco w oczy. To one najczęściej pojawiają się w nocnych klubach tylko po to, żeby spędzić chociaż jedną noc z piłkarzem. Doskonale znają bowiem prestiż wynikający z faktu, że kogoś takiego zdobyły. Jeśli są modelkami, to związek z piłkarzem zapewni im dokładnie to, czego pragną. Sławę, popularność i uwielbienie innych. Oraz ciuchy od Balenciagi".

„To nie jest tak, że nie ufasz swojemu mężowi, ale kiedy słyszysz te wszystkie historie, natychmiast się zastanawiasz, czy twój mąż mógłby zrobić coś podobnego. Na pewno nie, przecież jest inny...".

Niewiele WAGs odchodzi, kiedy dowiaduje się, że ich partner jednak nie był wierny. Tłumaczą to chwilą słabości, chwilowym zauroczeniem. Kiedy wybuchła historia z Davidem Beckhamem, który rzekomo miał romans ze swoją asystentką Rebeccą Loos, jego agent piłkarski idealnie to skwitował: „Tego dnia zapewne każda WAG zapytała swojego męża: »Ty byś mi tego nigdy nie zrobił, prawda?«. A oni przytaknęli i oznajmili, że jest dla nich jedyną kobietą na świecie. Kłopot w tym, że ponad dziewięćdziesiąt procent z nich skłamało". Niewielu piłkarzy jest wiernych, bo nie tego się od nich oczekuje. Ich żony zazwyczaj im wybaczają, i to nawet wielokrotne romanse. Zawodnikom uchodzi to na sucho, ponieważ tak długo, jak długo są dobrzy na boisku, są jednocześnie warci fortunę i wszyscy ich chronią. Żyją więc bez moralnych konsekwencji, o czym doskonale wiedzą czekające w domach WAGs.

Jednak decydując się na takie życie, kupujesz je razem z jego konsekwencjami oraz ze świadomością, że w zamian za fortunę oraz paradowanie w designerskich sukienkach będziesz stawała w obliczu wyzwań, które nie będą dla ciebie ani dobre, ani bezpieczne. WAGs zawierają faustowski pakt, wychodząc za mąż za piłkarzy, ale ostatecznie zdają sobie z tego sprawę.

Rozdział 1

Wystarczyło, że na nią spojrzał...

Amelia stanęła przed ekskluzywnym butikiem i zapatrzyła się w jego wystawę. Jej największym marzeniem była dokładnie ta biała marynarka Chanel, a do tego czarne spodnie i buty na wysokim obcasie. Mogłaby do tego dobrać prawdziwe perły, a włosy upiąć w wysoki kok. Wyglądałaby wtedy tak, jak zawsze sobie to wyobrażała. Elegancko, luksusowo i pięknie.

Amelia przyjechała do Warszawy z małej miejscowości pod Olsztynem z zamiarem podbicia wielkiego świata. I choć studiowała na pierwszym roku psychologii, to miała takie same marzenia jak tysiące dziewcząt w jej wieku. Wyrwać się ze swojej mieściny, udowodnić wszystkim, że mimo braku dobrego pochodzenia, koneksji i pieniędzy i tak można stać się kimś sławnym. Można nosić szpilki od Blahnika, jeździć do Dubaju, mieć torebkę Birkin. W głowie miała jedno pragnienie. Zakochać się w piłkarzu i zostać jego żoną. Błyszczeć na stadionach, błyszczeć w internecie, przykuwać wzrok, być kimś, o kim się mówi i pisze. Powód był prozaiczny: artykuł na jednym z plotkarskich portali w dwa tysiące szesnastym roku.

Żony i dziewczyny polskich piłkarzy stać praktycznie na wszystko. Nie mogą narzekać na brak pieniędzy, żyją w luksusach. Mimo że ich mężowie nie zdobyli tytułu mistrzów Europy, to podpisują milionowe kontrakty. Zarobki męża Sary Boruc – mimo tego, że ostatnio nie schodzi on z ławki rezerwowych – są szacowane na 5,7 mln zł rocznie. Żona Łukasza Fabiańskiego też nie może narzekać. Piłkarz zarabia rocznie 8,2 mln zł, podobnie jak Grzegorz Krychowiak. Zarobki Łukasza Piszczka są szacowane na 10,3 mln zł rocznie. Z kolei na konto gwiazdy reprezentacji Jakuba Błaszczykowskiego wpływa kwota 10,9 mln zł. Wojtek Szczęsny może się pochwalić pensją bramkarza, która wynosi ponad 13 mln. Najbardziej zamożni są Państwo Lewandowscy. Mąż Ani rocznie zarabia aż 50,4 mln zł[1].

Czego więcej można chcieć?

Historie polskich WAGs i tego, w jaki sposób poznały swoich przyszłych mężów, Amelia znała na pamięć. Robert Lewandowski po raz pierwszy zobaczył Anię na obozie studentów Akademii Wychowania Fizycznego na Mazurach. Mógł nie jechać, ale udało mu się dotrzeć na jeden dzień. Urocza blondynka od razu wpadła mu w oko. Grzegorz Krychowiak i Celia Jaunat poznali się w salonie łazienek. Celia wspomniała w jednym z wywiadów, że sławny piłkarz od razu jej się spodobał. Siedziała wtedy za biurkiem, ale jakiś impuls kazał jej wstać, przejść się po salonie i zrobić wszystko, żeby przyciągnąć wzrok Krychowiaka. Udało się. Podszedł, uśmiechnął się, zagadał. Kamil Glik i Marta Glik poznali się jeszcze w podstawówce. Nie przepadali jednak wtedy za sobą. Ona była spokojną dziewczyną, on nieźle rozrabiał, a jego rodzice często byli wzywani na dywanik do dyrektora. Między Kamilem a Martą zaiskrzyło dopiero w gimnazjum. Grosicki z kolei na Dominikę musiał trochę poczekać – poznali się na jednej z imprez u znajomych, ale ona wtedy spotykała się w tym czasie z kimś innym. Kamilowi jednak od razu wpadła w oko. Początkowo przyjaźnili się i kumplowali, chociaż on skrycie się w niej podkochiwał. Kiedy wracał z meczu Jagiellonii, napisał do niej, a ona oddzwoniła i zaczęli ze sobą rozmawiać. I tak rozpoczął się ten związek. Marina Łuczenko również początkowo nie była zainteresowana Wojtkiem Szczęsnym, ale on się nie poddawał.

Ostatecznie zdobył jej numer telefonu, a potem dzwonił, zagajał i był taki uparty, że w końcu uległa.

Te historie Amelia znała na pamięć i marzyła o tym, żeby stać się bohaterką podobnej. Żeby napisały o niej portale plotkarskie, kolorowe magazyny, żeby w końcu ktoś ją zauważył. Dzień, w którym siądzie na stadionie w loży VIP-ów, będzie dniem jej wielkiego zwycięstwa.

Mówi się, że im dłużej o czymś myślisz, tym większe są szanse, iż stanie się to twoją prawdą.

To był wtorek, zwykły dzień, podczas którego nie wydarzyło się absolutnie nic. Ale po południu zadzwoniła do niej Karina i namówiła na babski wypad na drinka. Karina co prawda doskonale wiedziała, że Amelia jest nieśmiała, ciężko przychodzi jej zaaklimatyzowanie się w nowym otoczeniu i często wybiera książki zamiast nocnych rozrywek, ale że z drugiej strony ciągnie ją do ludzi, że chce ich poznawać, pragnie czegoś innego niż dotychczasowe życie.

– Jeżeli będziesz siedzieć zamknięta w czterech ścianach, to z pewnością nigdy nie wskoczysz w ubranka Chanel czy innego Diora – przekonywała ją Karina. – To nie jest tak, że książę na koniu wyszuka cię w Google Maps, a potem podjedzie białym mercedesem (bo koń w stolicy to jednak lekki obciach), a następnie z różą w zębach porwie cię w nieznane. Żeby coś zdobyć, trzeba to upolować. Albo inaczej – trzeba dać się upolować. Czekam na ciebie o siedemnastej – powiedziała i rozłączyła się.

Nie brzmiało to specjalnie romantycznie, ale racjonalnie na pewno.

Amelia stanęła przed szafą, ale tylko się skrzywiła. To nie były takie ciuchy, w jakich chciała chodzić, i z pewnością nie takie, w jakich powinno się pokazywać w eleganckim klubie. Jedyne, co mogła zrobić, to przyciągnąć uwagę innymi walorami swojego ciała, takimi jak długie nogi i niezwykle apetyczny dekolt, który zawsze podobał się mężczyznom. Czasem ją to trochę krępowało.

Karina faktycznie wpadła o siedemnastej, ale tylko załamała ręce.

– OK, wyglądasz całkiem zajebiście w tej bieliźnie, ale obawiam się, że w tym stroju nie wpuszczą cię do klubu. Oprócz stanika i stringów musisz coś jeszcze na siebie założyć.

Amelia wzruszyła ramionami.

– Wiem i jednocześnie nie wiem. Nie mam co na siebie włożyć. Może najpierw powiesz mi, kto tam będzie, co?

– Mam ci przedstawić listę gości? Daj spokój, to tylko wypad na drinka, naprawdę nic groźnego. No, ale ubrać się trzeba. Kto wie, może w końcu kogoś poznasz – uśmiechnęła się znacząco, ale Amelia tylko westchnęła.

– To co, czarna sukienka?

Karina zmarszczyła czoło.

– Jak najbardziej. Co prawda nie ma odpowiedniej metki, ale załóżmy, że nie wszyscy się na tym aż tak znają. Czarna sukienka jest dość neutralna i bezpieczna, zwłaszcza kiedy ma się takie ciało jak ty. Narzuć do tego luźniejszą marynarkę i buty na co najmniej pięciocentymetrowej szpilce, chociaż właściwie przydałyby się nieco wyższe.

– Na wyższych nie potrafię chodzić – przyznała Amelia.

– Nauczysz się – Karina puściła do niej oko.

Kiedy wychodziły z mieszkania, zadzwonił jej telefon.

– To Marcin. To między innymi z nim mamy się spotkać – szepnęła do Amelii.

– No i gdzie jesteście? – usłyszały.

– Może się boją albo wolą zostać w domu i oglądać seriale?

To był niski, dość przyjemny głos, choć niewątpliwie sarkastyczny. Amelia pomyślała, że jego właściciel jest wyjątkowo pewny siebie, i nagle jakoś straciła ochotę na wyjście z domu.

– Karina, to nie dla mnie. Słyszałaś ten ton? Nie wiem, ale jakoś mnie to zniechęciło. Tacy faceci myślą, że wszystko im się należy, że każda dziewczyna na ich widok mdleje z zachwytu, a majtki same jej się zsuwają z tyłka.

Przyjaciółka pokręciła z niedowierzaniem głową.

– Daj spokój, to nie jest sposób na podbicie świata. Jeżeli masz takie podejście, to wracaj do tej twojej mieściny, której nazwy nawet nie pamiętam. Poza tym ten facet, którego głos słyszałaś, jest piłkarzem. Przeliterować ci? PIŁKARZEM. Dobrze wiesz, jacy oni są. Muszą być pewni siebie, bo czują się trochę lepsi od innych, ale spokojnie, zobaczymy, co z tego wyniknie. Zawsze możesz się wycofać.

– Piłkarz? – Amelia uśmiechnęła się pod nosem.

Tak, to miał być piłkarz, jednak wyobrażała to sobie jakoś inaczej. Może bardziej romantycznie, może tak jak w tych opowieściach o pierwszych spotkaniach?

– Daj mu szansę, uśmiechaj się i nie oceniaj, póki nie poznasz. Kto wie, może da się z tego ukręcić całkiem niezłe lody, a jeżeli nie, to przynajmniej dobrze się zabawisz. Widzisz w tym jakiś problem? Pułapkę? A może nadal będziesz czekać na księcia? Pamiętaj jednak, że po dwudziestym piątym roku życia może być znacznie trudniej.

Wsiadły do taksówki, a Amelia zamknęła oczy i próbowała chociaż odrobinę się wyluzować. Karina miała rację. Żeby coś osiągnąć, najpierw trzeba się było pokazać światu. Takich jak ona były tysiące, a tylko nieliczne z nich wchodziły na podium.

Kiedy jakiś czas później wspominała tamten wieczór, wydawało jej się, że faktycznie miał w sobie coś magicznego. Mimo jej złego nastawienia, mimo braku chęci poznania Grzegorza.

Ale wystarczyło, że na nią spojrzał. Amelia nagle poczuła się tak, jakby jakaś nadprzyrodzona siła szarpnęła jej sercem. Facet był nieziemsko przystojny, wysportowany i przez cały czas się uśmiechał. Biła od niego pozytywna energia, która dosłownie zwalała z nóg. Onieśmielał ją spojrzeniem. Onieśmielał tym, co mówił. Nie wiedziała, kiedy mijały kolejne godziny, nie pamiętała, ile wypiła drinków ani o czym dyskutowali. Na stole pojawiały się kolejne kieliszki z aperolem i nowe butelki whisky. A ona rozmawiała, śmiała się i po raz pierwszy od dawna czuła się po prostu dobrze. Podobało się jej, że Grzegorz nie spuszczał z niej wzroku, że przyglądał jej się tak, jakby była jedyną kobietą na świecie. I kompletnie nie miało dla niego znaczenia, że jej czarna sukienka nie ma dobrej metki.

– Muszę znikać. Jutro rano mam trening – powiedział nagle.

Amelię trochę opuściły pewność siebie i dobry humor.

– Daj spokój, jeszcze młoda godzina – namawiał go Marcin, ale Grzegorz pokręcił przecząco głową.

– Życie sportowca – bezradnie rozłożył ręce.

Nagle zrobiło jej się jakoś smutno, ale on wtedy po prostu do niej podszedł, tak blisko, że poczuła jego zapach, i dotknął jej ramienia.

– To co, mam nadzieję, że znowu się spotkamy? Poszukam cię na social mediach. Poszukam i znajdę. Co nieco już wiem, ale chciałbym więcej.

Czy na tym właśnie polegają słynne motyle w brzuchu? Czy to jest właśnie to, o czym wszyscy piszą, mówią i co tak bardzo zachwalają? Czy tak właśnie pojawia się w ciele dopamina, która powoduje, że człowiek przestaje racjonalnie myśleć? Te wszystkie pytania wyświetliły się w głowie Amelii, która przez resztę wieczoru prawie się już nie odzywała, błądząc myślami zupełnie gdzie indziej.

Czy to możliwe, że wielkie marzenie właśnie zaczyna się spełniać?

Rozdział 2

Nigdy nie wypuszczaj gołębia z ręki

To było głupie, ale niemal przez cały czas Amelia zerkała na telefon, jakby podświadomie chcąc wywołać wiadomość od Grzegorza. Nawet zasnęła z komórką w dłoni, a kiedy się obudziła, od razu spojrzała na telefon. Bingo.
Na komunikatorze Facebooka już czekała na nią wiadomość.

Cześć, nie mogłem spać, chyba musimy powtórzyć to spotkanie. Zaraz mam trening, a myślę o tobie.

Amelia opadła na poduszkę, a potem głośno się roześmiała. Nigdy w życiu nie pomyślałaby, że aż tak można się ucieszyć z czyjeś wiadomości. A już tym bardziej od piłkarza, którego poznała zaledwie wczoraj, początkowo bez większych nadziei na rozwinięcie tej znajomości. Wiedziała, że powinna być ostrożna, że facet może próbować ją poderwać raptem na jedną noc, a potem zapomni i znajdzie sobie kolejną. Sporo się nasłuchała takich historii, dlatego do tego typu znajomości należało podchodzić rozsądnie i wszystko dokładnie sobie przemyśleć. Z całą pewnością nie wskoczy mu od razu do łóżka, Grzegorz będzie musiał o nią trochę zawalczyć. Nie od dzisiaj wiadomo, że pogoń za czymś, co trudno zdobyć, jest o wiele bardziej fascynująca, niż sięgnięcie po coś, co samo pcha się w ręce.

Mężczyźni lubią polować.

A kobiety potrafią świetnie grać niezdobyte.

Amelia sięgnęła po telefon i zadzwoniła do Kariny.

– Jezu, a ty nie widzisz, która jest godzina? – odezwała się jej przyjaciółka nieco zachrypniętym głosem. – Zabiję cię, jeśli to nic poważnego.

– Chce się spotkać.

– Kto? – Karina faktycznie była mocno nieprzytomna.

– No jak to kto? Grzegorz!

– Ha, no proszę. A już myślałam, że nie lubisz piłkarzy, którzy są pewni siebie i którym się wydaje, że każda laska na nich leci.

– Może niektórych jednak lubię – odpowiedziała spokojnie Amelia, uśmiechając się przy tym szeroko. – Co mu odpisać?

– Cokolwiek. Tylko pozwól mi spać.

– Błagam cię, Karina, pomóż. Ty wiesz, że to jest życiowa szansa, a ja muszę zrobić wszystko, żeby jej nie spieprzyć. Być może to jedyna okazja, która trafiła mi się w życiu. Mam dziewiętnaście lat. Sama mówiłaś, że za jakiś czas nie będę już atrakcyjna.

Karina zakasłała.

– Bo to prawda, przynajmniej w tym popieprzonym świecie. Ja sama mam dwadzieścia siedem i powoli zaczynam się czuć staro. Mimo wszystko nie wymagaj ode mnie trzeźwego myślenia, zwłaszcza po pięciu aperolach.

– Wysil się, w końcu to ty mnie namówiłaś na to wyjście.

– Dobra, odpisz mu, że chętnie się z nim spotkasz, ale podaj jakiś odleglejszy termin. Żeby nie myślał, że aż tak ci zależy. A teraz pozwól mi się w końcu wyspać. W jednym masz jednak rację – pod żadnym pozorem nie wolno ci tego spieprzyć.

Amelia odłożyła telefon i dotknęła dłonią rozpalonych policzków. Ten sen się właśnie ziszczał, teraz należało tylko idealnie rozegrać piłkę. *Nomen omen.* Odczekała godzinę, a następnie trzęsącymi się palcami wystukała wiadomość.

Cześć, dzięki za wczorajsze spotkanie, było naprawdę miło. Jasne, możemy to powtórzyć, tylko nie wiem kiedy. Pierwszy wolny dzień mam w czwartek.

Była dopiero niedziela. Amelia marzyła, żeby jak najszybciej spotkać Grzegorza, ale Karina miała rację. Spokojnie. Zawsze lepiej jest udawać trochę niedostępną i tym samym podkręcić atmosferę.

Na odpowiedź czekała zaledwie trzydzieści sekund, co z pewnością też było dobrym znakiem.

Niech zatem będzie czwartek. Godzina szesnasta, zapraszam Cię na obiad.

Amelia obgryzała nerwowo paznokcie i z niecierpliwością spoglądała na zegarek. Minęła minuta, dwie, w końcu osiem. Wydawało jej się to całą wiecznością, ale w tej grze trzeba było być cierpliwym.

Chętnie.

Paros? – odpisał natychmiast.

Chciała odpowiedzieć, że może być cokolwiek, byle z nim. Poza tym naprawdę lubiła greckie jedzenie. Ale musiała się zachowywać spokojnie, bez emocji.

Idealnie. Czwartek, szesnasta, Paros.

Kolejne dni ciągnęły się jak guma. Amelia nie potrafiła znaleźć sobie miejsca, co chwila podchodziła do szafy i próbowała coś wybrać na czwartkowe popołudnie.

Zupełnie jakby od tego miało zależeć jej życie. A może właśnie tak było?

Sukienka czy raczej spodnie i top? A może coś luźniejszego? Sportowego? Nie miała pojęcia, jaki Grzegorz ma gust i jakie kobiety mu się podobają. Chciała myśleć o czymś innym, ale nie potrafiła. Czasem wydawało jej się, że tylko się zbłaźni, a on dojdzie do wniosku, że trafił na głupią gęś spod Olsztyna.

Może dlatego, że była nieśmiała? Nie potrafiła się zachowywać jak inne dziewczyny – pewne siebie, stanowcze, obyte z wielkim światem.

– Dobra, nauczę się. Muszę do tego podjeść zadaniowo – powiedziała na głos.

Marynarka i dopasowane spodnie? Cholera, nie miała ani jednej markowej rzeczy.

W Warszawie pracowała jako modelka, a ciągle większość kasy szła na wynajem mieszkania. To nie były takie zarobki, o jakich się słyszy. Jeszcze nie, ale Amelia wiedziała, że ten czas nadejdzie. Tylko trzeba trochę pomóc przeznaczeniu.

Chwila! A złoty top od Balenciagi, który dostała po jednym z pokazów?

Uśmiechnęła się. Oby tylko nie pomyślał, że to dla niego tak się wystroiła. Czyli top, marynarka i sportowe buty. Klasycznie, ale przynajmniej pewnie.

Włosy upięła w niedbały kok, zrobiła delikatny makijaż, a usta pociągnęła ukochanym błyszczykiem Diora.

Była gotowa.

Grzegorz na jej widok aż się rozpromienił, czym dodał Amelii pewności siebie.

– Lubisz mus z ikry dorsza? – zapytał.

Było jej wszystko jedno. Zjadła mus, a potem duszone małże w białym winie, pieczony bakłażan z musem jogurtowym, a na deser baklawę. Przez cały czas rozmawiali, śmiali się i nawet nie wiedziała, kiedy zleciały trzy kolejne godziny.

– Odprowadzę cię do domu – powiedział Grzegorz, a ona tylko skinęła głową.

Dla niej ten dzień mógłby w ogóle się nie kończyć.

– Albo nie, zamówię ci taksówkę. Zapomniałem, że mam jeszcze coś do załatwienia – powiedział nagle, zerkając na komórkę.

Amelia zmarszczyła brwi.

Niedobrze. Coś się nagle stało? Zrobiła coś nie tak?

Pożegnali się, ale on nie wspomniał o kolejnym spotkaniu. Nie napisał też ani tego dnia, ani kolejnego.

Amelia zadzwoniła w końcu do Kariny i zdała jej szczegółową relację ze spotkania z Grzegorzem.

– Kurwa. Coś tu nie gra. Spróbuję się czegoś dowiedzieć od Marcina i dam ci znać. Nie ma takiej opcji, żebyś wypuściła gołębia z ręki. Zrobię z ciebie WAG, choćbym miała zjeść twoje stringi. Kiedyś mi się odwdzięczysz.

I dotrzymała słowa.

A Amelia właśnie zawarła pakt z diabłem.

Rozdział 3

Jeśli sama nie możesz być WAG, spróbuj taką znaleźć...

Wszystko wskazuje na to, że zakup działki w górach nie był jedyną w ostatnim czasie zmianą w życiu Mariny Łuczenko. W ubiegłym tygodniu celebrytka opublikowała na InstaStories fotografię z wnętrza luksusowej willi z oknem pokaźnych rozmiarów. Żona Szczęsnego zaprezentowała obserwatorom znajdujący się w ogrodzie basen oraz okoliczną panoramę. Do zdjęcia Marina dołączyła podpis sugerujący, że w najbliższym czasie posiadłość stanie się jej domem[2].

Karina kończyła właśnie swoje codzienne śniadanie – kawa plus papieros – i przeglądała prasówkę, a mówiąc dokładniej – Pudelka.

Skrzywiła się. Nie przepadała za Mariną, ale musiała przyznać, że dziewczyna należy do czołowych

WAGs na polskim rynku. I większość jej po prostu zazdrości.

Marina nie zdradziła co prawda, czy wraz z Woj-ciechem Szczęsnym faktycznie zdecydowali się na zakup nowego gniazdka czy może to po prostu ich inwestycja. Podpis dołączony przez celebrytkę do zdjęcia jest jednak dość wymowny... Łuczenko nie ujawniła również, gdzie dokładnie znajduje się luksusowa posiadłość[3].

– Jasne, ta to wie, jak podkręcić zainteresowanie sobą – mruknęła pod nosem.

Karina była rodowitą warszawianką, która pewnego pięknego dnia postanowiła w końcu być bogata. Miała serdecznie dość pracy w butiku z ciuchami, bez żadnych perspektyw i widoków na lepsze życie.

To był przypadek. Kiedyś w jej sklepie pojawiła się długonoga blondynka z lekceważącym spojrzeniem i pretensjami do całego świata. Wybrała dwie kuse sukienki i skórzaną kurteczkę, a za wszystko zapłacił jej facet. Koleżanka z butiku powiedziała potem Karinie, że to był piłkarz Legii i że „oni zawsze mają kasę". I wtedy ją olśniło. Czasem w życiu trzeba się sporo naharować, żeby do czegoś dojść. Czasem wystarczy pójść na skróty. Problem polegał jednak na tym, że Karina zdecydowanie nie pasowała na WAG.

Była dość niska, miała okrągłą twarz, trochę odstające uszy i cienkie włosy. Owszem, to wszystko można było zmienić, ale wyłącznie za pomocą grubej kasy, której nie miała. Wyjścia były dwa – zrobić wszystko, żeby zostać WAG, albo...

Stworzyć WAG, zaopiekować się nią i z tego czerpać zyski.

Potrzebowała zaledwie dwóch miesięcy, żeby spreparować swój wymyślony życiorys. Nie było to trudne, bo nikt go nie weryfikował. Szefowa agencji piarowskiej z siedzibą w Wiedniu, a jednocześnie menadżerka modelek. Jakich? Nikogo to nie interesowało. Jedyną inwestycją, jaką poczyniła Karina, był zakup kilku ciuchów od N21, Jaquemus, Chanel i Theory. Do tego paznokcie, sztuczne rzęsy, doczepy oraz wypełniacze, wszystko jednak w granicach rozsądku. Żadnej tandety.

To oczywiście nie podbiło jej osobistych notowań, ale przynajmniej nie wyglądała jak uboga krewna z Radomia. Miała styl, klasę i wzbudzała zaufanie. Pierwszą ofiarę dopadła dwa lata temu i z powodzeniem wprowadziła na piłkarskie salony. Dziewczyna odwdzięczyła się jej procentem od pensji, jaką dostawała od narzeczonego, oraz „drobnymi" prezentami w postaci markowych torebek, butów i biżuterii. Wszystko skończyło się trzy miesiące temu, kiedy WAG piłkarza Lecha poszła w odstawkę. Karina miała jeszcze dwie inne podopieczne. Problem polegał jednak na tym, że ich faceci nie plasowali się w czołówce polskiego futbolu. Potrzebowała grubej ryby. Kogoś, kto ustawiłby ją na parę lat i pozwolił spokojnie się rozejrzeć za kolejną zdobyczą.

I wtedy poznała Amelię.

Wysoka, z niebotycznie długimi nogami, pięknym uśmiechem, kaskadą ciemnych włosów i zagadkowym spojrzeniem. Faceci na jej widok dosłownie głupieli. Karina od razu ją wypatrzyła w jednym z warszawskich klubów i poczuła szybsze uderzenie serca. Amelia miała tylko jedną wadę – była nieśmiała i kompletnie nie zdawała sobie sprawy z własnego uroku.

Mimo to to był absolutny strzał w dziesiątkę. Ktoś, kto zasługiwał na górną półkę.

Podeszła do niej, zagadała i kilka miesięcy później były już najlepszymi przyjaciółkami. Karina postanowiła jednak nie podejmować pochopnie szybkich decyzji, tylko odczekać i uderzyć ze zdwojoną siłą. Z kimś, kto był obiecujący i kto mógł wciągnąć Amelię na sam szczyt. A przy okazji również Karinę.

Grzegorz grał już w pierwszej lidze i zgodnie z tym, co o nim mówiono, miał w sobie potencjał. Kwestią czasu było podkupienie go przez jakiś zagraniczny klub. Problem polegał jednak na tym, że Grzegorz miał dziewczynę. Co prawda w tym świecie nie stanowiło to większej przeszkody, niestety dziewczyna była dość uparta i równie zdesperowana. Urodą nie mogła się równać z Amelią, lecz z jakiegoś powodu Grzegorz nadal się z nią spotykał.

Karina postanowiła jednak wystawić jego wierność na próbę i ukartowała spotkanie.

Nie myliła się.

Facet nie mógł oderwać oczu od Amelii, chociaż udawał twardziela. Ale zaprosił ją na obiad i wyglądało na to, że są na najlepszej drodze do czegoś więcej. Co zatem mogło pójść nie tak?

Karina jeszcze tego samego dnia spotkała się z Marcinem, swoim dobrym kolegą, którego częściowo wtajemniczyła w swoje plany. Marcin był żużlowcem, zarabiał kupę kasy i chętnie przyjaźnił się z piłkarzami. Obiecał, że pomoże Karinie, i słowa dotrzymał, bo to on podsunął jej Grzegorza.

Cena?

Rolex Datejust z dwa tysiące siódmego roku. Cena – dziewięć tysięcy euro. Drogo, ale jeśli spojrzeć perspektywicznie, opłacało się.

Dwie godziny po rozpaczliwym telefonie Amelii Karina siedziała już z Marcinem w Raju w Niebie, przy Nowym Świecie, i pochylając się nad Ahi Poke Bowl z tuńczykiem i truskawkami, nerwowo stukała palcami o blat stołu.

– Co się dzieje? Mówiłeś, że Grzegorz jest chwilowo znudzony swoją dziunią i z pewnością skusi się na coś świeżego. A sam musisz przyznać, że Amelia to jest towar najlepszej jakości.

Marcin skrzywił się.

– Cholera, mamy problem. Wszystko biegło zgodnie z planem, a Grzesiek faktycznie chyba nawet się bujnął. Od tamtego wieczoru ciągle gadał o Amelii i było widać, że go mocno wzięło.

– To co jest? Jaki mamy problem?

– Tego popołudnia, kiedy spędzał czas z Amelią, dostał wiadomość od Ewki.

– No i?

– To w zasadzie nie była wiadomość, tylko zdjęcie. Fotka testu ciążowego z dwiema kreskami.

– Kurwa! – zaklęła Karina.

Plan się sypał, ale jeszcze nie runął.

A jej zaświtał w głowie pewien pomysł.

Rozdział 4

„Stoję pod twoimi drzwiami, mała..."

Amelia snuła się po mieszkaniu, nie bardzo wiedząc, co ze sobą zrobić. Polubiła Grzegorza, nie ukrywała, że bardzo jej się spodobał. Przyjemnie spędzili ze sobą czas, dobrze im się rozmawiało.

Więc dlaczego milczał?

Czy zrobiła coś nie tak? Powiedziała coś głupiego, coś, co go do niej zniechęciło?

Minęły dwa długie tygodnie, w czasie których nie wydarzyło się zupełnie nic. Nawet Karina rzadziej się do niej odzywała.

W sobotę Amelia miała wystąpić na pokazie polskich projektantów podczas tegorocznych *off fashion* w Kielcach, ale jakoś jej to nie cieszyło. Miała wrażenie, jakby coś nagle uciekło jej sprzed nosa, chociaż było na wyciągnięcie ręki. Nie potrafiła tego dobrze określić. Czuła jakiś smutek i pogłębiającą się chandrę.

Do Kielc przyjechała już w piątek wieczorem, a w sobotnie przedpołudnie zjawiła się w Kieleckim Centrum Kultury niewyspana i z podkrążonymi oczami.

– Trochę ujowo to wygląda – skrzywiła się na jej widok makijażystka. – Dobra, zamalujemy. Nieźle pobalowałaś, co?

Amelia nie miała najmniejszej ochoty jej tłumaczyć, że po prostu źle spała. Zresztą kobieta pewnie i tak by w to nie uwierzyła.

– Twarz machnę ci matującym podkładem, na powieki aż po brwi nałożę rozświetlający puder, a następnie pomaluję je silnym turkusem. Usta pokryjemy błyszczykiem w odcieniu różu, pośrodku malując złoty punkcik, no, jest zajebiście. Do tego ciemny pastelowy róż na policzki i całość dodatkowo dopieszczamy sypkim pudrem – wymieniała szybko makijażystka. Po trzech kwadransach stanęła wyprostowana, z zadowoleniem przyglądając się twarzy Amelii.

– No, wreszcie wyglądasz jak człowiek.

Dwie godziny później, w szmaragdowej obcisłej sukience z doczepionymi skrzydłami i czymś w rodzaju diademu z folii, Amelia paradowała po wybiegu z wystudiowaną pokerową miną. Makijaż faktycznie zrobił swoje, bo wyglądała nieziemsko.

Kiedy z sali dobiegł ją głośny gwizd, spojrzała w tamtym kierunku.

Chwila...

Zerknęła raz jeszcze, a jej serce fiknęło koziołka.

Grzegorz?

Za kulisami pokazu natychmiast dopadła do komórki.

Nie mogłem sobie odpuścić takiego widoku. Wyglądasz zajebiście.

Amelia trzęsącymi się dłońmi zaczęła wystukiwać odpowiedź.

Co robisz w Kielcach?

– Ami, przebieraj się, za chwilę znowu wychodzisz – dobiegł ją nerwowy głos organizatorki pokazu.

Przyjechałem tu dla kogoś. Jej imię zaczyna się na A...

To był zdecydowanie jeden z najlepszych pokazów w jej życiu. Szła po wybiegu przepełniona szczęściem i chociaż nie powinna, to jednak nie mogła przestać się uśmiechać. Ale może dzięki temu zebrała mnóstwo oklasków. Kiedy wyszła z centrum, Grzegorz już na nią czekał.

Chciała coś odpowiedzieć, ale on nagle mocno ją przytulił i pocałował w usta. Chwilę później całowali się tak namiętnie, że nawet nie zwracała uwagi na mijających ich ludzi. Świat wirował, a ona razem z nim.

Kiedy znalazła się w hotelu (Grzegorz musiał wracać do Warszawy, następnego dnia miał trening), usiadła na podłodze i dalej śmiała się sama do siebie. Czuła się szczęśliwa, beztroska, lekka jak piórko. Czy tak właśnie wygląda zakochanie? Nie pytała go, dlaczego się nie odzywał, widocznie miał jakiś powód. Najważniejsze, że przyjechał tu specjalnie dla niej, chociaż jeszcze tego samego dnia musiał wracać.

Zadzwoniła do Kariny i o wszystkim jej opowiedziała. Musiała to z siebie wyrzucić, podzielić się tym szczęściem, wykrzyczeć, że dzieje się z nią coś niezwykłego.

– Czyli jesteście razem?

Karina trochę przystopowała ją tym pytaniem.

– Chyba tak...

A co, jeśli on myśli inaczej? A co, jeśli znowu przestanie się odzywać na kilka tygodni?

Chwilę później zawibrowała jej komórka.

Pieprzyć trening. Stoję pod twoimi drzwiami, mała...

Rozdział 5

„Amelia, tak dłużej być nie może..."

To był dobry czas. Oboje byli młodzi, mieli głowy nabite marzeniami i serca, które chciały siebie nawzajem. Z Kielc wrócili już oficjalnie jako para i od tamtego czasu nie pojawiło się w ich relacji nic, co mogłoby ją zaburzyć. Amelia studiowała psychologię, Grzegorz grał w pierwszej lidze. Nie mogło im się nie udać. Miłość uskrzydla i tak właśnie się czuli – jakby unosili się nad ziemią.

Dość szybko zadebiutowali na plotkarskich portalach, które uwielbiały nowe związki, spekulacje i dywagacje o tym, co dalej. Niemal każdego dnia ukazywały się artykuły o WAGs. Kto jaką założył kurtkę, komu oświadczył się Rybus, po jakich ulicach w Mediolanie spaceruje Sara Boruc i kto kogo podejrzewa o zdradę. Nic dziwnego. Tego typu tematy okazywały się najbardziej klikalne, bo każdy lubił wiedzieć, co słychać w wielkim świecie. Teraz na tapecie pojawili się Grzegorz i Amelia.

Karina poradziła jej, żeby nie czytała tych wszystkich bzdur, bo one tylko niepotrzebnie mącą w głowie. Ale dobrze, że o nich piszą, bo to świadczy o tym, że są gorącym towarem. Dla celebryty, aktora lub piosenkarza najgorsza jest medialna cisza.

– Byleby się tylko za bardzo nie mieszali – powiedziała ostrożnie Amelia.

Karina wzruszyła ramionami.

– Dlatego nie czytaj. I pamiętaj też, że połowa z tego, co napiszą, nie jest prawdą. To najczęściej półprawdy albo jakieś kompletne bzdury wyssane z palca, którymi w ogóle nie należy się przejmować. Gdyby człowiek miał się pochylać nad każdym zdaniem, które zamieszczono na jego temat, to nie starczyłoby mu życia na procesy. Ojej, ciesz się, że o tobie piszą, i wij gniazdko u boku Grzegorza. Pamiętaj też, że dziewczyna to trochę gorszy status niż narzeczona, a narzeczona niż żona. Dlatego ustaw sobie w głowie jasne cele.

Amelia pomyślała, że Karina mówi o tym jak o biznesie, a przecież ona była naprawdę zakochana. Chciała razem z Grzegorzem zasypiać i budzić się koło niego. Pić kawę przy wspólnym stole, kochać się, kiedy tylko przyjdzie na to ochota, tulić na kanapie i wspólnie oglądać filmy. Niby codzienność, ale Amelii wydawało się to najpiękniejszą wizją życia. Oboje chcieli tego samego – domu, rodziny, dzieci. Oboje myśleli podobnie. Nie patrzyła na to jak na układ, jakąś transakcję czy życiowy kontrakt, a właśnie tak mówiła o tym Karina. Amelia nie chciała tak do tego podchodzić. Może była niepoprawną romantyczką?

Kiedy Grzegorz zaproponował jej, żeby razem zamieszkali, poczuła się jak w siódmym niebie. To był kolejny krok w ich związku, który dla niej znaczył bardzo wiele. Nie była tylko przygodą, dziewczyną na pokaz. Zresztą on nigdy nie pozwolił jej tak myśleć.

– Uwielbiam patrzeć, jak budzisz się koło mnie. Więc musisz to robić każdego dnia – wyszeptał Grzegorz do jej ucha, a potem wsunął w dłoń klucz od swojego mieszkania.

Amelia była zachwycona, choć czasem bała się uwierzyć, że jej marzenie spełnia się w każdym najdrobniejszym szczególe. Trudno powiedzieć na głos, że jest się szczęśliwym, choćby z obawy przed zazdrośnikami, którzy mogą zrobić wszystko, żeby komuś to szczęście odebrać. Ludzie wolą tragedie, lubią czytać o czyimś dramacie, ciesząc się, że im powodzi się lepiej. Szczęście innych za bardzo kłuje ich w oczy.

Z jednej strony rozsadzały ją energia i miłość, z drugiej czaił się strach, jak to wszystko utrzymać. Jedyną osobą, z którą mogła porozmawiać o swoich obawach, była mama, zawsze ją wspierająca.

– Słuchaj swojego serca – powtarzała zawsze.

Amelia mogła też pogadać z Kariną, chociaż jej podejście do związku z Grzegorzem było trochę dziwne, na granicy interesowności, zupełnie jakby przyjaciółka chciała czerpać z tego jakieś korzyści.

– Nie zapomnij, dzięki komu jesteś w tym miejscu, w którym jesteś – powiedziała kiedyś.

Amelia spojrzała na nią, nie do końca rozumiejąc, co przyjaciółka ma na myśli.

– No wiesz, gdybym cię wtedy nie wyciągnęła wieczorem do klubu, to kto wie, czy w ogóle poznałabyś Grzegorza i czy on dostałby takiego fioła na twoim punkcie.

Amelia nie mogła się z tym nie zgodzić, chociaż często wydawało jej się, że kiedy ludzie są sobie przeznaczeni, to prędzej czy później na siebie wpadną. Ale tak, Karina miała rację. Poznali się trochę dzięki niej i jej uporowi, żeby wtedy skłonić Amelię do wyjścia. Czy to jednak możliwe, że oczekiwała czegoś w zamian?

Amelia zadała jej ostrożnie to pytanie, ale Karina tylko wybuchnęła śmiechem.

– Daj spokój, w ogóle nie mam czegoś takiego w głowie. No, chyba że kiedyś będziesz spała na milionach albo nie będziesz miała pomysłu, co kupić mi na Gwiazdkę, to pamiętaj, że nowa torebka Louisa Vuittona czy też Chanel zawsze jest mile widziana – dodała niby żartem, ale jednak chyba trochę serio, przynajmniej tak odczuła to Amelia.

Do tamtej rozmowy więcej nie wróciły, więc może było to tylko jej przewrażliwienie. Mijały kolejne miesiące, a Grzegorz trafił do ekstraklasy, najwyższej ligi w Polsce. Oboje unosili się na chmurze szczęścia, a każdy dzień wydawał im się bajką. I już wiedzieli, że chcą spędzić ze sobą resztę życia. Czy mogło być jeszcze lepiej? A może przyszła pora na równowagę?

– Amelia, tak dłużej być nie może – powiedział pewnego wieczora Grzegorz, siadając obok niej na skórzanej kanapie.

Zamarła. Nie wiedziała, co ma na myśli i czy coś się nagle zmieniło. Kiedy? Jak? Przecież wszystko toczyło się absolutnie idealnie. Czy może tylko jej się tak wydawało?

Grzegorz cicho westchnął, a potem po prostu ukleknął przed nią i wyciągnął przed siebie dłoń, na której leżało małe czerwone pudełeczko.

– Nie możesz dłużej nie być moją żoną – powiedział tylko, a Amelia rzuciła się na niego z radości i całowała tak długo, aż oboje opadli z sił.

Jeszcze tego samego wieczora zadzwoniła do Kariny i przekazała jej dobre wieści.

– No i świetnie. Bardzo wam gratuluję i mam nadzieję, że te wszystkie głupie plotki niczego nie zepsują – powiedziała nagle.

Amelia zmarszczyła czoło.

– Ale co konkretnie masz na myśli?

Karina prychnęła.

– Nic. Po prostu czasami plotkarskie portale są nie do wytrzymania. Wygrzebują jakieś głupoty z przeszłości, dodają do tego trzy grosze, mnożą przez opinie innych ludzi i powstaje durna plotka, która tak naprawdę z prawdą nie ma nic wspólnego.

– Ale czy coś się stało? Czy to dotyczy mnie i Grzegorza? – dopytywała zdenerwowana Amelia. – Wczoraj odebrałam jakiś głuchy telefon. Myślisz, że to może mieć z tym związek?

– Daj spokój, lalka. Najważniejsze, że wam się układa i że jesteście szczęśliwi. A cały świat może was pocałować w dupę – dodała jeszcze i się rozłączyła.

Amelia poczuła, jak serce wali jej niczym młotem. Ta rozmowa wciaż ją dręczyła. Wiedziała, że nie powinna, ale coś kazało jej zajrzeć do internetu.

Była dziewczyna Grzegorza S. poroniła

Nowa kochanka, nowe zobowiązania

Donżuan rozkochał w sobie kolejną, doprowadzając do tragedii

Amelia zbladła. Wiedziała, że Grzegorz spotykał się przed nią z kilkoma kobietami, a nawet że był w jakimś poważniejszym związku, ale jak to się miało do rzekomej tragedii? Znowu przypomniały jej się głuche telefony, które co jakiś czas otrzymywała, ale jakoś nigdy się nimi nie przejmowała. Myślała, że to jakieś fanki albo po prostu pomyłka. Czy Grzegorz naprawdę miał dziewczynę, która była z nim w ciąży? I czy ona poroniła dlatego, że ją zostawił?

Siedziała jak na szpilkach i nie mogła sobie znaleźć miejsca, dopóki Grzegorz nie wrócił do domu. Nie była w stanie wypowiedzieć słowa, więc tylko drżącą ręką pokazała mu te wszystkie artykuły.

– Wyjaśnisz mi to jakoś? – spytała, patrząc na niego niepewnym wzrokiem.

Poczerwieniał.

– Amelia, niepotrzebnie to czytasz. Nie ma w tym ziarna prawdy. Owszem, spotykałem się przed tobą z Ewą i tak, była w ciąży, ale nie ze mną. Jakoś nikt nie wspomniał o tym, że mnie zdradzała i że to dziecko wcale nie było moje. Oczywiście próbowała wszystkiemu zaprzeczać, przysięgała, że to nieprawda, ale ja już nie chciałem słuchać tych kłamstw. Poza tym pojawiłaś się ty. Mój związek z Ewą tak czy inaczej nie układał się zbyt dobrze, a potem ona nagle wyskoczyła z tą ciążą. Ucieszyłem się, przyznaję. Wiadomość dostałem, kiedy byliśmy razem na obiedzie. Nie ukrywam, że trochę mnie to zaskoczyło, poza tym chciałem cię bliżej poznać, ale uznałem, że to byłoby nie fair. Wróciłem do Ewy, a o tobie próbowałem zapomnieć. Ale potem dowiedziałem się, że to wcale nie jest moje dziecko. I tyle. Oczywiście pismaki zrobiły z tego sensację, która w ogóle nie pokrywa się z rzeczywistością.

– Nie powinieneś tego sprostować? Jakoś wyjaśnić? – zdenerwowała się Amelia.

Grzegorz machnął ręką.

– Po co? Nie znasz powiedzenia, że tłumaczą się winni? Najważniejsze, że ty i ja znamy prawdę, a cała reszta świata mnie nie obchodzi.

– Ale to się może jakoś odcisnąć na twojej karierze.

Wybuchnął śmiechem.

– Daj spokój. Dzisiaj napisali o mnie, jutro o kimś innym, a pojutrze przyczepią się do kolejnej osoby. Tak już jest, że trzeba robić dramę, żeby podkręcać zainteresowanie. Ale nikt z tego powodu nie zerwie ze mną kontraktu. Tutaj liczymy się ja i moje umiejętności, a nie to, z kim sypiam. Nie przejmuj się. Nie zawracaj sobie tym więcej głowy, bo inaczej zwariujesz.

Amelia doszła do wniosku, że Grzegorz ma rację. Nie miały najmniejszego sensu czytanie tych wszystkich bzdur czy jakakolwiek próba ingerencji w to, co napisali. Doskonale pamiętała słynny wywiad Mariny Łuczenko, który okazał się kopią innej rozmowy, tyle że dla konkurencyjnego pisma. Żona Wojciecha Szczęsnego próbowała się bronić, używając najgorszego z możliwych argumentów: *„Wiem, ale niestety nic nie mogłam z tym zrobić. Nie ja wybierałam tytuł. Musi się sprzedać...”*. A potem dodała, że jest normalną, zwykłą dziewczyną, taką, która chodzi do pracy, tyle że ona do pracy... nie chodzi. No i zaczęła się medialna burza, w którą wkroczył nawet sam Szczęsny, obrażając jedną z dziennikarek i wytykając jej „dwa podbródki”. Kolorowa prasa długo tym żyła, oblizując się łakomie na kolejne odcinki dramatu.

Grzegorz miał rację. W takie rzeczy nie warto było się mieszać, bo człowiek obrywał rykoszetem.

Najważniejsze, że mieli siebie, swoją miłość i bajeczne plany na przyszłość. Ona zaś powinna teraz się skupić na szukaniu sukni ślubnej, a nie na czytaniu tych wszystkich plotek.

Rozdział 6

Chcesz mieć ślub jak z bajki?
Wyjdź za piłkarza

Ekskluzywna ceremonia Grzegorza i Amelii była głośno komentowana w świecie sportu i rozrywki. Nic dziwnego. Dziennikarze uwielbiali tego typu wydarzenia, a ludzie kochali o tym czytać. Od kogo sukienka, kto szył garnitur, jak wyglądała panna młoda, co zaserwował kucharz i na jakie kwiaty zdecydowali się narzeczeni. Im więcej szczegółów, tym lepiej, nawet jeśli niektóre z nich zostały zmyślone lub odrobinę podrasowane.

Amelia od dziecka marzyła o ślubie, który byłby długo komentowany i dobrze zapamiętany nie tylko przez rodzinę, lecz także przez zupełnie postronnych ludzi. Trochę wstydziła się tych pragnień, z drugiej jednak strony chyba każda dziewczyna chce, aby ten dzień był naprawdę wyjątkowy, magiczny i zjawiskowy. I chce się podobać całemu światu.

– A może morze? – zaproponował Grzegorz, a ona tylko klasnęła w dłonie.

Miejsce ceremonii było naprawdę malownicze, urokliwe, jednym słowem – idealne. Para zdecydowała się na ekskluzywną posiadłość w Międzyzdrojach otoczoną rozległym ogrodem, dosłownie przepełnionym kwiatami. Niewielki, gustowny ołtarz został udekorowany kremowymi różami, które specjalnie w tym celu ściągnięto z Holandii.

W podobnym klimacie był utrzymany cały wystrój – dominowała neutralna kolorystyka w tonacji złota, beżu i złamanej bieli. W kryształowych wazonach stały cięte kwiaty, które chyba najbardziej spodobały się samej Amelii. Jeszcze nigdy w życiu nie była otoczona taką liczbą róż, frezji, kraspedii i piwonii. Cieszyła się jak małe dziecko, dotykając pachnących bukietów, które idealnie komponowały się z jej bladokremową suknią od Diora. Tak, to było prawdziwe dzieło sztuki, wykonane z najdelikatniejszej koronki i obszyte ogromną liczbą miniaturowych perełek. Amelia czuła się jak księżniczka, której ktoś podarował wszystko, o czym tylko marzyła. Cudowną sukienkę, kremowe szpilki od Jimmy'ego Choo, bieliznę La Perli i maleńki diadem od Cartiera, który fryzjerka wpięła jej we włosy.

– Amelia, jesteś boginią – wyszeptał jej do ucha zachwycony Grzegorz, a spojrzenia gości były tylko potwierdzeniem jego słów.

Tego dnia udało się absolutnie wszystko. Dopisała pogoda, nikt niczego nie zapomniał, nie zgubił, nikt się nie spieszył i nikogo nie popędzał. To był ich dzień. Nawet potrawy podane na przyjęciu weselnym były prawdziwymi dziełami sztuki kulinarnej. Szef kuchni, znany z doskonałego smaku i umiejętności oraz obecności w mediach, stworzył wyjątkowe menu, w którym połączono tradycyjne dania z kuchnią *fusion*. Goście mogli się więc delektować krewetkami w delikatnym sosie z mango oraz *foie gras* na cienkich tostach z czarnym kawiorem. Były też soczyste steki wołowe z sosem truflowym oraz halibut z delikatnym purée ziemniaczanym i aromatycznym sosem szafranowym.

– Amelka, jestem pod wrażeniem – te słowa słyszała niemal bez przerwy, zwłaszcza od swojej rodziny.

Cieszyła się, że mama wyglądała na szczęśliwą, zupełnie jakby to było jej własne wesele.

– Tak właśnie spełnia się marzenia – szepnęła do ucha swojej córki i delikatnie pogłaskała ją po policzku.

Amelia puchła z dumy. Wśród gości weselnych pojawiły się osobistości ze świata sportu, rozrywki oraz biznesu, z czego bardzo się cieszyła. Byli piłkarze z drużyny Grzegorza, trenerzy, menedżerowie, celebryci oraz przyjaciele pary. No i Karina, która oczywiście została druhną.

– Ostatecznie jestem matką chrzestną tego związku – puściła oko do Amelii, która mocno ją wyściskała.

– Dziękuję ci. Nie wiem, jak mogłabym się odwdzięczyć.

– Spokojnie, już ja coś wymyślę – Karina pstryknęła palcami.

Sama była ogromnie zadowolona z takiego obrotu rzeczy. Kiedy dziewczyna piłkarza zostaje jego żoną, automatycznie zmienia się jej status. Staje się kimś ważnym, kimś, kogo nie tak łatwo wymienić na nowszy model. Kimś, kto również zaczyna się liczyć w tym świecie i kto ma szansę przerodzić się w markę samą w sobie. Oczywiście pod warunkiem, że wykorzysta swoją szansę. Ale Karina nie miała co do tego żadnych obaw. Amelia jest mądra i z całą pewnością nie spocznie na laurach. Obrączka tylko ją zmotywuje do tego, żeby zacząć coś robić na własną rękę. A to opłaci się nie tylko jej, lecz także samej Karinie. W końcu małżeństwo z piłkarzem to swojego rodzaju biznes.

Zresztą już teraz Amelia czuła się w tym środowisku jak ryba w wodzie. Udzieliła nawet specjalnie zaproszonym dziennikarzom kilku wywiadów, w których opowiedziała o swojej wielkiej miłości i planach na przyszłość. Wyglądała naprawdę zjawiskowo w tej swojej haftowanej sukni, z rozpuszczonymi włosami i delikatnym makijażem, który kosztował fortunę. Było widać, że jest w swoim żywiole, a kamera ją kocha. Takiego talentu nie można było zmarnować i Karina świetnie o tym wiedziała. Ostatecznie tylko te WAGs, które wiedziały, jak wykorzystać światła reflektorów skierowane na ich mężów, odnosiły prawdziwy sukces.

– Jesteś stworzona do życia w bajce – powiedziała teraz Karina do Amelii i wypiła za jej zdrowie kolejny kieliszek szampana.

Louis Roederer Cristal. Prawie tysiąc pięćset złotych za butelkę.

I tak właśnie być powinno.

Grzegorz piął się coraz wyżej po szczeblach kariery. Pisały o nim wszystkie gazety, był zapraszany do radia i telewizji. Amelia kibicowała mu, jak mogła, i mocno trzymała kciuki. Spełniał swoje marzenia i robił to w najlepszym stylu, ona zaś starała się być po prostu idealną żoną. Lubiła to. Lubiła dopieszczać ich apartament, dbać o to, by zawsze stały w nim świeże kwiaty, a w lodówce znajdowały się same przysmaki. Uwielbiała swoją rolę pani domu. Podpatrywała też życie innych WAGs, starając się wybierać z niego to, co najlepsze.

Kulki mocy Ani Lewandowskiej? Dlaczego nie? Skoro piszą już o tym niemal wszystkie gazety, czasem prześmiewczo, czasem na serio, to znaczy, że coś w tym musi być. Kulki robi się z daktyli, płatków owsianych, mąki kokosowej i posiekanych orzechów nerkowca. W sumie idealne danie wegańskie. Nie ma tu ani jednego składnika pochodzenia zwierzęcego. Nie zawierają także glutenu i białego cukru, czyli świetna opcja dla sportowca. Grzegorz z całą pewnością się ucieszy, że Amelia o niego dba. Zresztą nie ukrywajmy – większość piłkarzy podpatrywała wszystko, co dotyczyło Roberta Lewandowskiego, i nie było w tym niczego dziwnego. Najłatwiej było zacząć od diety, w końcu nie stanowiło to żadnej tajemnicy. Kasza jaglana z owocami lub owsianka gotowana na wodzie z dodatkiem jagód goji i bakalii na śniadanie, w porze obiadowej i na kolację zupa krem i ryba lub mięso z warzywami gotowanymi na parze. Żadnych ciężkostrawnych potraw. Do tego zdrowe *smoothie* i koktajle. Tego spokojnie mogła się nauczyć.

Kiedy w czwartek po południu Amelia wracała po siłowni do domu, nagle zrobiło jej się słabo. Musiała przytrzymać się ściany, ktoś nawet zapytał, czy nie zawieźć jej na pogotowie. Na szczęście wystarczyła szklanka wody. Zanim dotarła do domu, weszła jeszcze do apteki i kupiła test ciążowy. Kiedy go rozpakowywała, drżały jej ręce. Z jednej strony się bała, z drugiej – chyba nie mogłaby wyobrazić sobie jeszcze większego szczęścia.

I nie myliła się...

– O Boże, to się naprawdę dzieje – wyszeptała kilka minut później, patrząc na dwie niebieskie kreseczki.

Czuła radość pomieszaną ze strachem. Szczęście i jednocześnie niepokój. Czy da sobie radę? Czy podoła wszystkim obowiązkom? W myślach powtarzała sobie, że skoro inni potrafią wychowywać dzieci i studiować, to ona przecież nie może być gorsza. Poza tym mogła liczyć na mamę. No i na Karinę, do której natychmiast zadzwoniła.

– O jasna dupa, gratulacje! Grzesiek już wie?

– Nie, jeszcze nie wrócił do domu. Muszę się jakoś przygotować, chociaż sama jeszcze nie mogę w to uwierzyć – mówiła Amelia, na przemian płacząc i się śmiejąc.

– Kup buciki i coś dobrego do jedzenia. Zrób z tego małe święto, tylko na razie niczego nie ogłaszajcie.

Trzeba odczekać, aż lekarz potwierdzi informację, a potem odpalamy Instagram! – Karina miała już gotowy scenariusz.

I bardzo dobrze, bo Amelia zupełnie nie wiedziała, co dalej.

– Brawo, lalka. Wiedziałam, że jesteś idealną kandydatką na WAG – dodała jeszcze Karina, chociaż Amelia nie do końca zrozumiała, co przyjaciółka miała na myśli.

Grzegorz wrócił do domu około dziewiętnastej i od razu zauważył, że coś się stało.

– Hej, mała, wszystko dobrze?

Uśmiechnęła się.

– Chyba musisz o czymś wiedzieć...

Jej mąż zmarszczył czoło i podszedł do niej, mocno przytulając. Cudownie pachniał Bois d'Arménie Guerlaina. Sto mililitrów kosztowało wprawdzie prawie tysiąc pięćset złotych, ale to nie były perfumy, którymi pachniał każdy. Żaden Boss czy choćby Paco Rabanne. Absolutnie wyższa półka.

– Nie strasz mnie – wyszeptał jej do ucha.

Podała mu mały pakunek owinięty w niebieski papier. W środku były buciki, maleńkie korki dla przyszłego piłkarza. Może i banalne, ale w ogóle jej to nie obchodziło. Kiedy je kupowała, czuła, jak rozpiera ją ogromna radość. Już się nie bała. Wiedziała, że ze wszystkim sobie poradzi. W jej ciele rozwijała się maleńka fasolka, owoc ich ogromnej miłości. Co mogło pójść nie tak?

– Amelia... czy ty... czy my...?

A potem po prostu objął ją tak mocno, że aż zabrakło jej tchu.

Byli najszczęśliwszymi ludźmi na całej Ziemi.

Amelia czuła się tak, jakby ktoś przypiął jej skrzydła. Lekarka potwierdziła ciążę, ale oboje doszli do wniosku, że odczekają do końca trzeciego miesiąca. Karina w międzyczasie przygotowała instagramową strategię, która miała jeszcze bardziej podkręcić zainteresowanie Amelią i Grzegorzem.

– To jest idealny moment, żeby przy okazji ukręcić całkiem niezłe lody – poinstruowała Amelię.

– Co masz na myśli?

– Twoją karierę. Zwykłe kobiety uwielbiają podglądać te bardziej znane i lepiej sytuowane. Ale – co ważniejsze – podglądają was również te bogate, które nie do końca wiedzą, jaki mają styl. Szukają inspiracji, pomysłu na siebie. I ty im to podasz na tacy. Pisz o wszystkim tak, jakbyś prowadziła dziennik. Że ci rano niedobrze, że miewasz czasem zjazdy nastrojów, ale że nie zapominasz też o tym, aby dobrze wyglądać. Masaże, zabiegi, oczywiście z hashtagiem *#przyszła mama*. Firmy same się będą do ciebie zgłaszać, bo to dla nich genialna reklama. A ty przy okazji zarobisz. Pamiętaj, że teraz jesteś na świeczniku, więc korzystaj z okazji i buduj własną markę. Im więcej będziesz warta na rynku, tym większe szanse, że zagrzejesz tu dłużej miejsce.

Amelia nie do końca rozumiała, co Karina ma na myśli, ale nie zaprzątała sobie tym głowy. Cieszyła się jak dziecko, że każdego dnia ma powody do uśmiechu. Kontrakty reklamowe faktycznie zaczęły się pojawiać, a jej imię stawało się coraz bardziej rozpoznawalne.

Wszystko układało się perfekcyjnie, Amelia i Grzegorz mieli swoje plany i wiedzieli, że dadzą sobie radę z każdą trudnością.

Aż do pewnego momentu...

Była sobota, kiedy do Grzegorza zadzwonił jego menedżer. Piłkarz ustawił telefon na głośnomówiący.

– Mamy to! – krzyknął menedżer na cały głos. – Mam dla ciebie kontrakt na siedemdziesiąt pięć tysięcy euro miesięcznie plus oczywiście bonusy, i to w samej Hiszpanii!

Przez chwilę Amelia nie wiedziała, jak zareagować.

Hiszpania?

Mieli tak wszystko zostawić i po prostu wyjechać?

Rozdział 7

Tylko ten, kto nie boi się zmian, wygrywa

Amelia usiadła na miękkiej seledynowej kanapie i podkurczyła nogi.

Patrzyła na swojego męża, który przechadzał się po salonie, i zamyśliła się.

Coraz częściej odnosiła wrażenie, że jej życie nie tyle pędzi, ile wręcz galopuje. Dopiero co poznała Grzegorza, wzięli ślub, a za kilka miesięcy na świat miało przyjść ich dziecko. Jednocześnie pojawiła się możliwość zagranicznego transferu.

– Amelia, a dlaczego by nie spróbować? – Grzegorz był podekscytowany. – Jesteśmy młodzi, całe życie przed nami. Dziś Polska, jutro Hiszpania, a pojutrze, kto wie, może nawet Brazylia! Przecież razem możemy wszystko!

Przekonał ją, chociaż musiała uczciwie przyznać, że trochę się boi. Kolejna nowa przygoda, z jednej strony pełna emocji i pasji, z drugiej – presji i strachu. Ale to była propozycja, którą Grzegorz musiał przyjąć, jeśli planował rozwój swojej kariery, o tym wiedzieli oboje. To był również prawdziwy sprawdzian dla ich związku. Tutaj, w Polsce Grzegorz był znany, tam niejako musiał zaczynać od nowa. Nic dziwnego, że przy podpisywaniu kontraktu drżała mu ręka, podobnie zresztą jak serce Amelii. Bał się, że sobie nie poradzi. Nie znał hiszpańskiego, tak naprawdę ledwo dogadywał się po angielsku. Ale to naprawdę była ogromna szansa – stabilizacja finansowa, no i wielki prestiż.

Musieli przynajmniej spróbować.

Ciąża przebiegała prawidłowo i na początku czwartego miesiąca Amelia odważyła się pochwalić tą informacją całemu światu. Zamieściła wymowne zdjęcie, na którym było widać kawałek jej nagiego brzucha, do którego przyłożyła swoją dłoń oraz dłoń Grzegorza. Fotkę podpisała: *Czekamy na Ciebie.*

Na komentarze nie musiała długo czekać, bo już kilka sekund później pod postem zaczęły się sypać gratulacje z najróżniejszych stron.

– Wykorzystaj ten moment najlepiej jak się da – radziła jej Karina. – Informuj swoje fanki, co jesz, co pijesz, jak o siebie dbasz, o której chodzisz spać, czy myślisz już o pokoiku dla dziecka, czy masz jakieś pomysły na imiona. No, jednym słowem pisz o wszystkim, co jest związane z dzieckiem i co interesuje twoje obserwatorki. Ciąża nie trwa aż tak długo, dlatego postaraj się wycisnąć z tego stanu jak najwięcej.

Dziwnie to zabrzmiało, ale Amelia pomyślała jednocześnie, że to wcale nie jest taki najgorszy pomysł. Przynajmniej nie musiała obsesyjnie myśleć o tym, że już za parę miesięcy, praktycznie zaraz po porodzie, będą musieli opuścić Polskę i wyjechać do Hiszpanii. Doszła też do wniosku, że teraz najważniejsze są ciąża i dziecko i to na tym musi się skupić. Hiszpański transfer należało potraktować jak gigantyczny awans i podchodzić do niego z optymizmem. Ostatecznie jeżeli ktoś chciał zrobić międzynarodową karierę, to musiał liczyć się z tym, że nie zostanie w Polsce na zawsze. Ona zaś mogła dalej budować swoją instagramową społeczność bez względu na to, gdzie aktualnie mieszkała.

No to jestem w ciąży. Zostało mi zaledwie parę miesięcy, aby maksymalnie sobie ten czas uprzyjemnić i trochę się porozpieszczać. Zadbana kobieta w ciąży od razu bowiem czuje się lepiej. Dlatego nie mam zamiaru rezygnować z zabiegów upiększających, wizyt u fryzjera ani odstawiać kosmetyków. Nie wszystko jest groźne dla malucha. Coraz więcej gabinetów piękności oferuje serie zabiegów opracowanych specjalnie z myślą o przyszłych mamach.

To był jeden z jej pierwszych postów, w których zamierzała się dzielić swoim ciążowym stanem z fankami. Uznała, że to dobry pomysł, tym bardziej że jej marka na rynku znacznie się wzmocniła i Amelia mogła liczyć na coraz bardziej intratne kontrakty reklamowe. To, że była żoną Grzegorza, powodowało, iż stawała się coraz bardziej rozpoznawalna, a firmy chciały z nią współpracować. Ostatecznie jeśli napisała o jakimś produkcie, zabiegu czy usłudze, to istniało duże prawdopodobieństwo, że bezpośrednio przełoży się to na sprzedaż. I producenci świetnie o tym wiedzieli.

– Amelia, wiem, że się martwisz.

Do pokoju wszedł właśnie Grzegorz, prosto z łazienki.

Był owinięty tylko ręcznikiem i Amelia z zachwytem spojrzała na jego umięśniony tors. Nadal ogromnie jej się podobał i miała nadzieję, że ta adoracja jest odwzajemniona. Co prawda u niej już było widać pewne zaokrąglenia, coraz częściej miała też zadyszkę, ale Grzegorz przez cały czas zapewniał ją, że jest najpiękniejszą kobietą na świecie, a on jest niebiańsko szczęśliwym człowiekiem.

– Wolałbyś syna czy córkę? – spytała go teraz.

Roześmiał się.

– Bez znaczenia. Teraz nawet dziewczynki mogą grać w piłkę, więc jeśli będziemy mieli córeczkę, to nie widzę przeszkód, by mogła nauczyć się strzelać bramki – puścił do niej oko.

– A ja myślę, że to będzie jednak chłopiec – uśmiechnęła się Amelia.

Grzegorz przyklęknął przed nią i pocałował w brzuch.

– Kocham cię, pamiętaj o tym. I nie myśl przez cały czas o Hiszpanii, a ja obiecuję ci, że wszystko nam się uda. Owszem, sam jestem pełen obaw, ale mając ciebie u boku, boję się trochę mniej.

Amelia dotknęła dłonią jego mokrych włosów, a potem nachyliła się i namiętnie go pocałowała. Miał rację. Nie powinna ciągle zaprzątać sobie tym głowy. To tylko kolejny rozdział w ich życiu, który być może przyniesie coś bardzo dobrego. Ludzie boją się zmian, dlatego niechętnie się im poddają. A może to właśnie zmiany powodują, że życie jest o wiele ciekawsze i pełne emocji?

Przez kolejne miesiące Amelia miała ręce pełne roboty. Starała się być bardzo aktywna na Instagramie, a jednocześnie powoli przygotowywała się do porodu i przeprowadzki. Do Hiszpanii mieli polecieć, kiedy ich maleństwo skończy cztery tygodnie. Tak wynikało z kontraktu. Piękny apartament w słonecznej Sewilli już na nich czekał, wystarczyło go tylko urządzić według własnego gustu. Ale tym Amelia chciała się zająć dopiero po przyjeździe, wierzyła, że w ten sposób będzie jej się łatwiej zaaklimatyzować.

Kochani! Z jednej strony siedzę już na walizkach, z drugiej ogarniam ciążową rzeczywistość. Zaraz ruszam na jogę dla przyszłych mam! Joga w ciąży to naprawdę doskonała inwestycja – gwarantuje lepsze krążenie krwi, poprawia trawienie oraz ułatwia oddychanie. Wzmacniają się też mięśnie miednicy, narządy rodne i kręgosłup, który stopniowo musi znosić coraz większy ciężar, uelastyczniają się biodra i wnętrze ud, rozluźnia się brzuch, a to wszystko doskonale przygotowuje do porodu oraz pozwala skumulować potrzebną do tego wysiłku energię. Dzięki temu ułatwiamy naszemu maluchowi przyjście na świat.

Amelia z przyjemnością zauważyła, że grupa jej obserwatorów zwiększyła się w ostatnim czasie do ponad stu pięćdziesięciu tysięcy i stale rosła. To było pocieszające, bo oznaczało, że nawet mieszkając w Hiszpanii, będzie mogła dalej pracować i czerpać z tego zyski.

Kilka tygodni temu, podczas wizyty kontrolnej, lekarka nagle oznajmiła:

– Widzę płeć dziecka – uśmiechnęła się, przesuwając głowicę USG po brzuchu przyszłej mamy. – Chcą państwo wiedzieć?

Amelia spojrzała na męża, po czym razem zgodnie zawołali:

– Koniecznie!

– Będą państwo mieli syna.

Amelia aż pisnęła ze szczęścia, a Grzegorz z trudem ukrywał łzy.

– Mały piłkarz – wyszeptał tylko.

Tego samego dnia odwiedziła ją Karina, która od razu zaleciła zorganizowanie spektakularnego *baby shower*.

– Nie wiem, czy mam ochotę – ostrożnie powiedziała Amelia.

– Daj spokój, tu się nie ma nad czym zastanawiać. Po pierwsze, będziesz miała zajebisty materiał na social media, po drugie, możesz zaprosić jakieś sławne mamy, a jak wiemy, dobrych i sensownych kontaktów nigdy dość. Pamiętaj, że to, co robisz teraz, przez cały czas procentuje, więc nie próbuj się wykręcać. Poza tym dostaniesz cudowne prezenty dla małego i będziesz tego dnia rozpieszczana jak księżniczka. Chyba warto, co?

Baby shower odbył się dwa miesiące później i Amelia musiała przyznać, że Karina bardzo jej w tym pomogła. Zamówiła firmę zajmującą się tego typu eventami, która przemieniła salon w błękitną krainę, wypełniając przestrzenie niewiarygodną liczbą złotych i niebieskich balonów, papierowymi błękitnymi banerami, gwiazdeczkami zwisającymi z sufitu oraz niebieskim konfetti. Pośrodku stanął ogromny lazurowy fotel, na którym usiadła Amelia, a wokół niej, na niebieskich puchowych poduchach, zaproszone przyjaciółki, znajome, celebrytki oraz influencerki. Karina zorganizowała też biało-błękitny tort oraz niebieskie makaroniki. Małe włoskie ciasteczka o cudownym jagodowym smaku rozpływały się w ustach.

Amelia musiała przyznać, że to był naprawdę dobry pomysł, a już z całą pewnością bardzo ładny do sprzedania na Instagramie. Dostała też mnóstwo prezentów, w tym kremowe ubranka z delikatnym haftem z serii Baby Dior, miniaturowe szorty Cacharel Kids oraz czapeczkę z daszkiem Moschino Junior.

Jaś przyszedł na świat w połowie maja, uzyskując maksymalną liczbę punktów. Grzegorz od samego początku zaznaczył, że chce być obecny przy porodzie, i słowa dotrzymał. Amelia musiała przyznać, iż był dla niej ogromnym wsparciem. Poród odbył się siłami natury i chociaż trwał kilka godzin, zapamiętała go jako jedno z najpiękniejszych wydarzeń w swoim życiu.

– Jesteś wspaniała – Grzegorz głaskał ją po głowie i z trudem powstrzymywał łzy.

Jaś okazał się cudownym, spokojnym chłopczykiem, na punkcie którego oszaleli w mgnieniu oka. Amelii wydawało się, że nie można być jeszcze bardziej szczęśliwą. Aż trochę się tego obawiała.

– Wyjeżdżamy za miesiąc. Liga hiszpańska zaczyna sezon pod koniec sierpnia, więc wszystko świetnie się składa. Nie wiem co prawda, czy mnie od razu wpuszczą na boisko, ale bądźmy dobrej myśli – cieszył się Grzegorz.

Cztery tygodnie później wsiedli do samolotu.

Rozdział 8

Kiedy facet ma swoje pięć minut,
kobieta musi mu w tym pomagać

Sewilla to jedno z tych andaluzyjskich miast, które są pełne uroku, ale trudno w kilku zdaniach opisać, co jest w niej tak bardzo wyjątkowego. W tym mieście jest coś, czego nie da się wyjaśnić słowami, trzeba tam pojechać, aby zrozumieć, dlaczego podróżnicy się w nim zakochują. Tak też stało się z Amelią. Już pierwszego dnia zachwyciła ją katedra Santa Maria de la Sede z jej zewnętrznymi fasadami i pomarańczowym dziedzińcem, a także cudownymi rzeźbami.

— Wiesz, czego się dowiedziałam? — pytała Grzegorza podekscytowana. — Podczas jej budowy przyświecała konstruktorom jedna myśl — żeby stworzyć kościół tak piękny i tak okazały, aby ci, którzy go zobaczą, wzięli jego twórców za szaleńców. Cudowne, prawda?

Grzegorz tylko skinął głową, ale Amelia od razu zauważyła, że jest bardzo zdenerwowany. Jutro miał poznać swój nowy zespół i to powodowało, że od kilku dni nie spał zbyt dobrze.

– Pokochają cię – chciała się do niego przytulić, ale szybko się wyrwał.

– Nie mówmy o tym – odpowiedział tylko.

Zdziwiła się. Zazwyczaj uwielbiał słuchać, kiedy coś do niego mówiła, i ekscytował się tymi samymi rzeczami co ona. Ale od kiedy tu przyjechali, coś się zmieniło. Trudno to było jakoś konkretnie nazwać, ale Amelia odnosiła czasem wrażenie, że Grzegorz przez cały czas chodzi spięty, podminowany, zupełnie jakby się czegoś obawiał.

Postanowiła dać mu trochę czasu, pewnie stresował się całą tą sytuacją. Własne plany chwilowo odsunęła na później, teraz najważniejsi byli synek, kariera jej męża i nowy dom.

Cudowny, przestronny apartament o powierzchni czterystu metrów kwadratowych zajmował całe czwarte piętro w jednym z najlepszych budynków na Avenida de la Constitución. Miał sześć przestronnych pokoi, w pełni umeblowaną kuchnię z osobną spiżarnią, trzy łazienki, sześć szaf wnękowych (które szybko zapełniła markowymi ciuchami, a także ogromne dwa tarasy z widokiem na aleję. Amelię zachwycały marmurowe podłogi, okna z klimatyzacją oraz stare, stylowe, drewniane drzwi. No i portier na parterze, który na jej widok zawsze się uśmiechał.

To było naprawdę idealne miejsce do życia i jej obawy zostały odrobinę uśpione. Wiedziała, że bardzo dużo zależy od niej samej. Jej najważniejszym zadaniem było stworzenie szczęśliwego i spokojnego domu, w którym Grzegorz mógłby odpoczywać i dobrze się czuć. Miała wrażenie, że w jakimś sensie jest mu to winna, w końcu ciężko pracował na to, aby ani jej, ani ich dziecku niczego nie brakowało. Dostała przecież dokładnie to, o czym zawsze marzyła. Mieszkała w cudownej, gorącej Hiszpanii. Miała do dyspozycji apartament, o jakim nawet jej się nie śniło. Miała męża, który ją kochał, i synka, poza którym nie widziała świata. Wszystko było takie, jak sobie wcześniej zaplanowała, a jednak coś nie dawało jej spokoju. Wiedziała, że Grzegorz bardzo stresuje się tym, jak zostanie przyjęty w nowym klubie i czy uda mu się podbić hiszpańską publiczność. Tak naprawdę bardzo dużo od tego zależało. A zatem rozumiała jego czasem gorszy humor. Postanowiła, że da mu kilka miesięcy na to, żeby się zaaklimatyzował i poczuł pewniej.

Jej również nie było łatwo, ale ona przynajmniej nie zdawała przed nikim żadnego egzaminu. Zostawała w domu z Jasiem, a jedynym, czym się zajmowała, była instagramowa rzeczywistość, którą tworzyła według własnych potrzeb. Wiedziała, że tak naprawdę powinna pokazywać świat trochę inny niż ten prawdziwy, bo ludzie wcale nie chcieli czytać ani o jej kłopotach, ani o tym, że coś ją trapi. Kiedy dwa razy zamieściła posty, w których wyraziła swoją wątpliwość co do życia w innym mieście, bardzo szybko się dowiedziała, że chyba nie ma żadnych problemów, że nie wie, na czym polegają prawdziwe zmartwienia, brak pieniędzy i zastanawianie się nad tym, co przyniesie kolejny miesiąc. Dotarło do niej, że nikt nie rozumie jej obaw, raczej potraktowano ją jak rozkapryszoną panienkę, której jedynym problemem jest to, czy założy białą sukienkę od Gucciego czy niebieski komplet Balenciagi.

Dotarło do niej, że nikt nie chce czytać o jej rozterkach, dlatego powróciła do swoich postów, w których pokazywała luksusowe mieszkanie, koktajle przyrządzane na śniadanie, posiłki dla siebie, małego i Grzegorza, a także atrakcyjne sklepy w Sewilli. Tego chciała jej klientela i właśnie to Amelia musiała jej dostarczyć.

Od jakiegoś czasu niepokoiły ją jednak komentarze z dwóch kont, *niki8* oraz *twoja_karma*, które krytykowały niemal wszystko, co napisała, wyśmiewały ją i podawały w wątpliwość jej związek z Grzegorzem. Konta były oczywiście fałszywe, bowiem nie zawierały żadnych zdjęć ani informacji, ale i tak wzbudziło w niej niepokój to, że ktoś poświęca tyle czasu, żeby dokładnie śledzić każdy jej ruch, a następnie złośliwie go komentować. Oczywiście zdawała sobie sprawę, że przed hejtem się nie uchroni, ale to było tak nachalne, że nawet inne osoby zaczęły to zauważać.

Jeśli nie podoba ci się konto Amelii, to po prostu przestań obserwować – napisał ktoś pod agresywnym komentarzem, że jest „typową blacharą".

Dlaczego? Czy obserwować mogą tylko ci, którzy ją uwielbiają? – padła zaczepna odpowiedź.

To po co tutaj jesteś? – spytała kolejna fanka.

Bo może lubię obserwować, jak ktoś lansuje się na cudzej krzywdzie.

Ten komentarz niestety spowodował duże zainteresowanie i ostatecznie wywiązała się pod nim zaciekła dyskusja. W końcu twoja_karma napisała, że Amelia zrobiła wszystko, aby zdobyć Grzegorza, i kompletnie nie interesowało jej to, że facet miał dziewczynę w ciąży, która przez to całe zamieszanie poroniła i próbowała popełnić samobójstwo.

Amelia poczuła, jak cała drży, a jej ciało ogarnia lodowate zimno. Słyszała już wiele wersji i historii o byłej dziewczynie Grzegorza, ale nigdy o próbie samobójczej. Postanowiła, że z nim o tym porozmawia i poprosi, żeby zadzwonił do Ewy i może jakoś na nią wpłynął, bo istniało duże prawdopodobieństwo, że to ona w dalszym ciągu rozpowszechnia te plotki. Kto wie, może nawet ukrywa się pod fałszywymi kontami?

Grzegorz wrócił do domu około dziewiętnastej, ale od progu było widać, że jest nie w sosie.

– Hej, kochanie – zagadnęła go Amelia. – Wszystko w porządku?

Skinął głową, a potem bez słowa ruszył do kuchni.

– Zrobić ci coś do jedzenia? – spytała, trzymając na rękach Jasia.

– Nie, nie jestem głodny.

– Chciałabym z tobą o czymś porozmawiać – zaczęła ostrożnie, ale Grzegorz tylko machnął ręką.

– Amelia, sorry, ale daj mi dzisiaj święty spokój, OK? To nie był łatwy dzień, nie mam ochoty o tym mówić, ale jeszcze mniejszą ochotę mam na jakieś głupie rozmowy o niczym.

Wzdrygnęła się. Dlaczego z góry założył, że to jest głupie? Przecież ona też miała swoje problemy, żyła na obczyźnie, z dala od domu i przyjaciół, a dodatkowo przez cały dzień nie miała się do kogo odezwać. To chyba naturalne, że chciała przynajmniej wieczorem porozmawiać ze swoim mężem.

– Coraz rzadziej masz ochotę, żeby ze mną pogadać – wyrwało jej się.

Spojrzał na nią gniewnie i tylko prychnął.

– Słuchaj, ja tu przyjechałem, żeby umocnić swoją pozycję i przekonać wszystkich, że inwestycja we mnie była opłacalna. Naprawdę nic interesuje mnie, że było za gorąco albo że zamknęli twój ulubiony sklep, albo nie udało ci się kupić truskawek na pyszne smoothie. Rozumiem, że to dramat, ale, do jasnej cholery, kiedy mówię ci, że nie dzisiaj, to po prostu nie dzisiaj – powiedział to z taką złością, jakiej Amelia jeszcze nigdy u niego nie widziała.

Spojrzała na niego ze smutkiem, a potem odwróciła się i poszła z Jasiem do pokoju, żeby ułożyć małego do snu.

Grzegorz miał rację. Rozmowa dzisiaj z całą pewnością nie miała sensu. Z jednej strony rozumiała, że jest zestresowany i że być może nie wszystko układa się po jego myśli, ale, do diabła, ona również jest częścią tego związku. Ona również sporo poświęciła, wyjeżdżając do Hiszpanii, tyle że jej problemami nikt się nie przejmował.

Z każdym dniem czuła narastającą frustrację. Bała się jednak znowu zacząć mówić o swoich odczuciach, bo przecież najważniejszy w tym wszystkim był jej mąż. Dodatkowo Grzegorza ciągle coś pochłaniało. Albo miał trening, albo mecz, albo ważne spotkanie, albo co chwilę odwiedzał ich menedżer, który nadzorował cały transfer, analizował spotkania i treningi, a Amelia coraz częściej czuła się jak ktoś na drugim miejscu. Ktoś, czyje uczucia w ogóle nie są ważne.

Kiedy zadzwoniła do Kariny, ta od razu wyczuła, że coś ją męczy.

– Co jest? – spytała swoim charakterystycznym tonem.

– Chciałabym, żebyś do mnie przyleciała – odpowiedziała cicho Amelia.

– Chwilowo nie dam rady, ale postaram się może w przyszłym miesiącu. Mów, co się dzieje.

– Życie się dzieje. Życie na obczyźnie. Ja tutaj, a Grzesiek na treningach, kolacjach, meczach, sparringach. Wychodzi z domu rano, wraca późnym wieczorem i widzi mnie w kiepskim stanie. Mały budzi się co dwie godziny, ma bolesne kolki, nie daje mi spać. Na dodatek mam jakieś hejterki, których głównym zadaniem jest wypisywanie bzdur na mój temat – w końcu to z siebie wyrzuciła.

Karina wzięła głęboki oddech.

– Amelia, pogadaj spokojnie z Grześkiem. Pamiętaj jednak, że on to wszystko musi trzymać w kupie. Bo tak naprawdę tylko od niego zależy, czy będzie ciąg dalszy i ten pobyt ułoży się po waszej myśli. Życie z piłkarzem to nie tylko markowe ciuchy i jedzenie w dobrych restauracjach, lecz także zaciskanie dupy ze strachu, czy wszystko wypali. Tutaj nie ma mowy o jakichś gorszych dniach, niedyspozycji czy, nie daj Boże, kontuzji. Facet musi być na pełnych obrotach, jeżeli ma utrzymać swoją wartość na rynku. A ty jesteś od tego, żeby mu w tym pomóc.

Amelia poczuła, że robi jej się przykro. Nigdy nie myślała o swoim życiu w kategorii markowych ubrań czy wyłącznie wydawania kasy. Pewnie, że miało to swoje uroki, ale dla niej liczyło się coś jeszcze.

– Karina, ja to doskonale rozumiem, ale chyba związek budują dwie osoby, prawda? Nie mogę brać wszystkiego na swoje barki. Potrzebuję czasami wsparcia, pomocy, i to pomocy najbliższej mi osoby. Na tym polega budowanie rodziny, no chyba że się mylę.

Karina parsknęła śmiechem.

– Tak, ale takiej rodziny, która jeździ oplem corsą, a na wakacje wybiera ogródki działkowe. Ty siedzisz trzydzieści pięter wyżej, więc nie narzekaj, tylko spróbuj się jakoś ogarnąć. A hejterki możesz mieć głęboko w dupie. Im więcej ich masz, tym większy odniosłaś sukces. Nigdy nie słyszałaś tego powiedzenia?

Amelia postanowiła tego nie komentować.

– Podobno była dziewczyna Grzegorza próbowała popełnić samobójstwo – odezwała się po chwili.

Po drugiej stronie zaległa cisza.

– Nic o tym nie słyszałam – mruknęła w końcu Karina. – Możliwe, że to tylko jakieś bzdury wyssane z palca albo dziewczyna próbowała zrobić wokół siebie szum. Nie bierz wszystkiego tak personalnie, tylko skup się na własnym życiu. I nie czytaj tych debilnych komentarzy. Rób swoje. Wrzucaj piękne zdjęcia, pokazuj cudowne życie i przede wszystkim uśmiech na twarzy. Bo tego właśnie oczekują od ciebie twoje fanki.

Karina jak zwykle miała rację, ale Amelii ta rozmowa jakoś nie do końca pomogła.

– Słuchaj, jak mi kupisz bilet do Sewilli, to przylecę choćby za tydzień. Na miejscu razem coś wymyślimy.

– No... dobrze – zgodziła się Amelia, chociaż wcale nie była już taka pewna, czy to dobry pomysł.

– Tylko w pierwszej klasie, nie zapomnij.

Rozdział 9

Nigdy nie użalaj się publicznie

W świecie WAGs bardzo rzadko zdarzają się przyjaźnie, nawet jeżeli na kolorowych stronach magazynów wygląda to inaczej. Chyba każdy widział słynną okładkę znanego miesięcznika, gdzie razem pozowały dwie z czołowych polskich WAGs. Wyglądały niemal jak bliźniaczki, podobne stylizacje, identycznie ułożone włosy. W tekście opowiedziały o tym, że wymieniają się ubraniami, razem spędzają wakacje, jedna prowadzi swoją markę z biżuterią, a druga nagrywa kolejną płytę. Dzisiaj obie panie omijają się szerokim łukiem.

W tym samym wywiadzie jedna z nich oznajmiła, że dostała propozycję wzięcia udziału w *reality show* dla WAGs. Odmówiła, twierdząc, że nie interesuje jej przedsięwzięcie, w którym insynuuje się, że jest wyłącznie żoną swojego męża. Podobne komentarze dotykały również inną WAG, która z kolei pojawiła się na okładce polskiego wydania fitness magazynu. Tak naprawdę chyba tylko Anny Lewandowskiej nie wrzucano do jednego worka z pozostałymi WAGs, kibicującymi z trybun swoim mężom.

Amelia zastanowiła się, kim ona tak naprawdę jest. Z jednej strony zawsze chciała być żoną piłkarza, z drugiej myślała również o tym, żeby inwestować w siebie. Stąd pomysł, aby studiować psychologię, który niestety chwilowo musiała zawiesić. Gdyby miała jednak opisać swoje aktualne obowiązki, to wszystko sprowadzałoby się do robienia zakupów, dbania o dom, wykonywania przelewów, wyszukiwania atrakcyjnych miejsc na wakacje, macierzyństwa i konieczności sprzedawania swojego życia w social mediach. Jeśli chciałaby robić coś więcej, mogłoby to przeszkodzić Grześkowi w karierze, dlatego na razie odsunęła te plany na przyszłość.

– Chyba zapędziłam się w kozi róg – wyszeptała do siebie.

Topowym piłkarzem nie jest się przez całe życie, najwyżej przez kilka, czasem kilkanaście lat, i właśnie dlatego w pierwszej kolejności chciała umożliwić Grzegorzowi realizację jego marzenia i zadbania o karierę. Choćby po to, żeby w przyszłości zostało wystarczająco dużo pieniędzy na takie życie, do jakiego byli już przyzwyczajeni. Kariera Amelii schodziła na dalszy plan, ambicje należało schować do szafy, a całą swoją energię pakować w dom, macierzyństwo i rodzinę. Oraz w Instagram.

Karina miała rację, Amelia powinna zacisnąć zęby i robić to, co do niej należy. Tyle że coraz częściej czuła, że nie daje rady. Że jest w jakimś sensie niekompletna. Odnosiła wrażenie, że coś traci, że coś zaczyna się zmieniać, a ona nie potrafi nad tym zapanować.

Grzesiek codziennie widywał się z kolegami, trenował, wychodził na imprezy bez niej, bo przecież musiał się zaaklimatyzować w nowym klubie, wśród nowych przyjaciół. Znikał na całe dnie, a czasem również noce. Nie mogła mu towarzyszyć, bo przecież w domu był Jaś.

W końcu nie wytrzymała.

– Grzegorz, ja potrzebuję twojej pomocy. Twojej obecności! To nie tak miało wyglądać! Wiele razy na ten temat rozmawialiśmy i oboje dochodziliśmy do wniosku, że partnerstwo nie polega na tym, że jednej osoby przez cały czas nie ma, a druga dwoi się i troi, żeby wszystko pospinać. Nie pamiętasz już?

Spojrzał na nią jakoś inaczej. Jakby był zły, rozzłoszczony tym, co przed chwilą powiedziała.

– Przypomnę ci coś, bo być może zapomniałaś. Jestem piłkarzem, muszę trenować, muszę być w dobrej formie, a jednocześnie zdobyć sympatię nowych kumpli. Tylko wtedy stanę się częścią drużyny.

Pytałem cię, czy dasz radę. Powiedziałaś, że tak. Wiedziałaś, że nie będzie łatwo, ale jednak zgodziłaś się na ten wyjazd. Masz tutaj wszystko. W każdej chwili możesz poprosić kogoś o pomoc w gotowaniu czy sprzątaniu domu, jeżeli tego nie ogarniasz. Mogę się też postarać o opiekunkę dla małego, jeśli to również cię przerasta. Ale, na miłość boską, przestań zwracać mi uwagę, że robię coś nie tak! Ja to robię dla nas. Dla naszej cholernej przyszłości!

Chyba po raz pierwszy podniósł wtedy na nią głos.

Amelia uciekła do pokoju, a potem pół nocy przepłakała w poduszkę. Czy to była jej wina? Czy to ona była jakąś rozkapryszoną królewną, która nie ogarnia rzeczywistości? Była głupia, bo chciała mieć męża częściej dla siebie?

Następnego dnia przy śniadaniu Grzegorz zachowywał się tak, jakby wczorajszej rozmowy w ogóle nie było. Powiedział tylko, że dzisiaj jak zwykle wróci później, bo mają ważne spotkanie po meczu. Amelia nawet nie spytała jakie, bo nagle przestało ją to interesować. Zresztą dzisiaj miała odebrać z lotniska Karinę i, szczerze mówiąc, nawet się z tego cieszyła. Wreszcie będzie miała przy sobie kogoś, przed kim się wyżali i kto jej pomoże jakoś to wszystko ogarnąć. Karina była interesowna, ale twardo stąpała po ziemi i czasami potrafiła otworzyć oczy na wiele spraw.

Kilka godzin później, kiedy w końcu się spotkały, Amelia nawet nie czekała, aż dojadą do domu, tylko już w taksówce zaczęła pociągać nosem.

– Hej, daj spokój, dopiero się tu pojawiłam. Myślałam, że najpierw wypijemy drinka, trochę zaszalejemy, a pożalisz się znacznie później – Karina z niesmakiem pokręciła głową.

– Nic na to nie poradzę, że to wszystko zaczyna mnie przerastać. Wcześniej nigdy się nie kłóciliśmy, a teraz każda rozmowa kończy się jakimś nieporozumieniem. Grzesiek jest na mnie zły, że mu wypominam brak czasu, a ja jestem zła, że mnie nie rozumie. Przecież tak nie możemy funkcjonować – chlipnęła Amelia.

Karina pstryknęła palcami.

– Kochana, twoje zadanie polega głównie na tym, żeby wszystko trzymać pod kontrolą, nie histeryzować bez powodu i nie załamywać rąk przez byle głupstwa. Pamiętaj też, że publiczne użalanie się niczego ci nie da. Bo twoi fani to zazwyczaj kobiety, które mają o wiele mniej i które w życiu nie wyjechały za granicę. Nie zapominaj też, że Polacy to wybuchowa mieszanka kompleksu niższości i manii wielkości. Wszystkim się wydaje, że również mogliby osiągnąć to, co ty, tylko po prostu nie trafili w odpowiednim momencie na odpowiednich ludzi. Tak jak ty na mnie. Nawet jeżeli nie byłabyś tylko żoną Grzegorza, a miała własny biznes, to i tak dowiedziałabyś się, że wszystko zawdzięczasz jemu, że masz specjalne fory, a nie talent. Dlatego nie użalaj się nad sobą i nie próbuj wzbudzać u innych litości, bo nie tędy droga. W Polsce do dzisiaj pokutuje przekonanie, że bogaci ukradli swoje pieniądze, a ci, którzy są ładni, zawdzięczają to operacjom plastycznym. WAGs są w tym wszystkim traktowane jak głupiutkie pustaki, którym trafiło się jak ślepej kurze ziarno i które bez opamiętania korzystają z możliwości, jakie daje im życie u boku piłkarza. Z drugiej strony ludzie uwielbiają je podglądać, chcą widzieć luksus, piękne samochody, drogie ciuchy, posiadłości za granicą i wycieczki do Dubaju. Przynajmniej w ten sposób mogą liznąć bogactwa. Im więcej prywatnych samolotów, drogich apartamentów i butów od Louboutina, tym bardziej was podziwiają, ale i jednocześnie nienawidzą.

– Ale przecież ja im nic nie zrobiłam – powiedziała bezradnie Amelia.

Karina wybuchnęła śmiechem.

– Oczywiście, że zrobiłaś. Jeździsz na wakacje na Malediwy, a nie do Sarbinowa, a to już wystarczający powód, żeby za tobą nie przepadać. Owszem, masz też całą grupę fanek, które faktycznie cię lubią i naśladują i chcą wyglądać tak jak ty, a nawet robić podobne rzeczy. Pamiętaj jednak, że jest ich zdecydowana mniejszość. Ale – wracając do twojego tematu oraz problemów z Grzegorzem – nie roztkliwiaj się nad swoim ciężkim życiem, bo to do niczego nie zmierza. Pamiętaj, że ten facet ma przed sobą najlepsze lata, żeby zarobić kasę. Potem będzie za późno. Więc zaciśnij zęby, jeżeli masz możliwość skorzystania z pomocy, to z niej skorzystaj, a sama wybierz się na jakiś masaż, zabieg relaksujący, cokolwiek. Albo kup sobie nowy ciuch.

– Ale to nie o to chodzi – zaprotestowała Amelia.

– Ja po prostu chcę mieć męża przy sobie.

– Na Boga, jeszcze się nim nacieszysz. Na razie pozwól mu wykorzystać swój czas na maksa, żebyście w przyszłości mogli odcinać kupony od tego transferu. Życie na świeczniku to nie bułka z masłem i wspólne kolacyjki o zachodzie słońca. To lawirowanie między tym, czego chcesz, a tym, co dostajesz, no i ciągłe trzymanie ręki na pulsie, żeby nie było nudy. Była ciąża, fajny motyw, teraz masz małe dziecko, więc możesz na jego temat wrzucać różne historyjki, chociaż oczywiście nie za dużo. Podpatruj te najważniejsze kobiety piłkarzy, które mają do perfekcji opanowane social media i wiedzą, jak się z nimi obchodzić. Trochę koktajli, trochę dobrej kuchni, dzieci, lekcje tańca, za chwilę znowu coś nowego, żeby były ciągły ruch, zmiany, akcja. Zobacz, jak pozytywnie reagują ludzie na filmiki, w których

Shakira pokazuje swojego syna próbującego z nią śpiewać. Nic dziwnego, że ludzie chcą to obserwować. Nie chcą narzekania i jęczenia, że ci ciężko. To jest biznes, kochana, a nie droga krzyżowa.

– Mam żyć w czasoprzestrzeni Instagrama? I nie jęczeć?

Karina przytaknęła.

– Pewnie. Tak długo, jak się da. Twój mąż jest bohaterem, a ty tylko jego żoną, ale i tak możesz co nieco z tego wycisnąć. Oczywiście mogłabyś się też zaangażować w różne projekty, zwłaszcza te charytatywne, to zawsze jest dobrze widziane. Może spróbuj się też z kimś zaprzyjaźnić?

– Masz na myśli inne WAGs? – spytała Amelia.

– Jasne. Z pewnością znajdziesz tu jakąś żonę, która może nawet myśli podobnie jak ty i ma te same znaki zapytania dotyczące życia i małżeństwa. Umówcie się, pogadajcie, popłaczcie sobie w rękaw, a potem pójdźcie razem na botoks. Tu pewnie nie ma miejsca na prawdziwe i trwałe przyjaźnie, a jeśli tak, to zdarzają się one wyjątkowo rzadko. Trudno, tak już jest.

Amelia westchnęła.

– Czasem chciałabym wrócić do swojej małej miejscowości i być po prostu szczęśliwa – powiedziała cicho.

Karina wzruszyła ramionami.

– To nie było żadne życie. Wiesz, co by się wtedy stało? Nie byłabyś WAG, tylko jakąś nieznaną nikomu Amelią, która w wyciągniętym dresie podżera czekoladki, żałośnie podglądając inne kobiety i po cichu zazdroszcząc, że tak dobrze im się żyje. Tak już jest, że każdy chce mieć to, czego nie ma, a kiedy to dostanie, zaczyna wybrzydzać.

– Więc problem leży we mnie?

– Problem leży w tym, że chcesz zjeść ciasteczko i mieć ciasteczko. A na razie możesz je tylko mieć. Na konsumpcję przyjdzie jeszcze czas.

Rozdział 10

Zawsze w końcu pojawia się pierwsze ostrzeżenie

Amelia musiała przyznać, że pobyt Kariny dobrze jej zrobił, nawet jeśli jednocześnie sporo kosztował. Przyjaciółka namówiła ją na ekskluzywne zakupy, serię zabiegów kosmetycznych i jedzenie w najlepszych restauracjach w Sewilli. Mały zostawał z opiekunką i chociaż Amelia początkowo miała obawy, to jednak szybko się przekonała, że kilka godzin wolnego od bycia mamą dobrze jej robi. Wreszcie miała trochę czasu dla siebie.

– To co dzisiaj robimy? Bo ja chyba mam ochotę na masaż, a potem przyjemny lunch z owoców morza – Karina od samego rana była w dobrym humorze. – Pomaluj się odrobinę, załóż coś seksownego i ruszamy na podbój hiszpańskiego miasta.

Amelia westchnęła. Od czasu porodu zdecydowanie nie czuła się seksownie ani nawet ładnie. Ciągle obiecywała sobie, że coś z tym zrobi, ale zwyczajnie brakowało jej czasu.

– Chyba żartujesz – Karina tylko popukała się w czoło. – Masz kasę i nieograniczone możliwości, więc twoje cienie pod oczami naprawdę powinny już dawno zniknąć. I przestań dzielić włos na czworo. Grzesiek miał gorszy dzień, brzydko się odezwał? No i co z tego? Nie rób dramatu, tylko zajmij się sobą.

Przyjaciółka miała rację. Każde małżeństwo miewało gorsze i lepsze dni, w każdym zdarzały się napięte sytuacje, a nawet kłótnie. Powinna podejść do tego mniej emocjonalnie i skupić się na pielęgnowaniu tego, co życie jej oferowało. Wczesnym popołudniem wybrały się do Restaurante La Hermandad del Sushi, a potem delektowały się doskonałymi, świeżymi rybami, ośmiorniczkami i ostrygami, popijając do tego schłodzone białe wino. Popołudnie spędziły w domu – Amelia zaprosiła do swojego apartamentu dwie cudowne masażystki, które usunęły wszelkie blokady i napięcia w jej ciele, a wieczorem...

Takiego wydarzenia nie mogły przepuścić.

Na Plaza de España, w cudownej aranżacji, odbywał się dzisiaj pokaz Dior Cruise. Flamenco, muzyka na żywo oraz kolory, które nawiązywały do ognistej Hiszpanii, spowodowały, że Amelia szybko zapomniała o swoich kłopotach i po prostu doskonale się bawiła. Na tle światła i cieni oraz sennej atmosfery sewilskich pałaców toczył się genialny dialog między doskonałością atelier Diora a bogactwem hiszpańskiego rzemiosła. Męskie i damskie ubrania były wzbogacone elementami strojów flamenco, co wyglądało po prostu fantastycznie.

– Cholera, sama bym się wbiła w takie koronki – jęknęła z zachwytem Karina. – A te getry, pelerynki i bolerka to absolutny hit. Rób zdjęcia, trzeba to wrzucić na *stories*.

To był kolejny udany dzień, za który Amelia musiała podziękować przyjaciółce.

– Ja ci tylko pokazuję, o co w tym wszystkim chodzi.

– I masz rację – zgodziła się Amelia. – Może po prostu stałam się za bardzo drażliwa. Pomyślałam nawet, że pieniądze wcale nie dają takiego szczęścia, jak zawsze myślałam.

Karina tylko popukała się w czoło.

– Tak między nami mówiąc, to niewiele rzeczy daje szczęście, bo ludzką naturą jest narzekanie. Uważam jednak, że lepiej być nieszczęśliwym z grubymi milionami na koncie niż bez nich. Osobiście wolę zjeść ostrygi za kilkadziesiąt euro niż wątrobiankę ze sklepu osiedlowego, nawet jeśli ani jedno, ani drugie nie daje mi życiowej ekstazy. I ty również powinnaś do tego tak podchodzić.

Pobyt Kariny przeciągnął się o kolejne dwa tygodnie, ale Amelia nie narzekała. Grzegorza i tak przez niemal cały czas nie było w domu, wpadał tylko, żeby się przebrać, i znowu znikał. Miała wrażenie, że coraz rzadziej ze sobą rozmawiają, ale chwilowo jakoś przestało jej to przeszkadzać. Najważniejsze, że się nie kłócili i wszystko wróciło do normy.

Tylko te cholerne komentarze nie dawały jej spokoju.

– Zobacz, znowu się uaktywniły – pokazała telefon Karinie. – Wrzuciłam post o zdrowym śniadaniu, a tu nagle dostaję wiadomość, że jestem zerem, które odebrało faceta innej.

Karina zmarszczyła czoło.

– Jakaś wariatka. Albo to faktycznie ta Ewa. Nie może dziewczyna odpuścić, bo widzi, co straciła. A prawda jest taka, że sama puściła się z innym. Dobra, chodź na zakupy, to nam zawsze poprawia humor.

Amelia nie miała ochoty na kolejną rundę po luksusowych butikach, ale wolała Karinie nie odmawiać. Ostatecznie przyjaciółka przyleciała tu głównie z jej powodu, nawet jeśli to Amelia pokryła wszystkie koszty. Z jednej strony dobrze, że miała kogoś przy sobie, przynajmniej nie czuła się samotna. Z drugiej – trochę ją drażniło, że Karina w jakimś sensie przez cały czas usprawiedliwia Grzegorza, sugerując, że jego praca jest w tej chwili najważniejsza. Może to i była prawda, ale ostatecznie Grzesiek miał rodzinę – żonę, dziecko, wspólne mieszkanie. Czy naprawdę nie można było tego jakoś pogodzić? Gdyby chociaż zechciał z nią normalnie porozmawiać, wytłumaczyć, obiecać, że za jakiś czas wszystko się zmieni. Problem polegał na tym, że Grzegorz unikał jakichkolwiek rozmów, wychodząc z założenia, że Amelii po prostu przewraca się w głowie.

A ona chciała tylko być szczęśliwa

Karina wyjechała po trzech tygodniach z dwiema dodatkowymi walizkami pełnymi ciuchów i obietnicą, że w każdej chwili może tu wpaść znowu.

– Na razie jednak zajmę się Ewą – obiecała Amelii.

– W jakim sensie?

– Spróbuję się z nią umówić i wybadać sytuację. Możliwe, że to ona jest autorką tych wszystkich głupich komentarzy. Jeśli uda mi się ją zdemaskować, to będzie musiała odpuścić. Inaczej zagrożę jej pozwem.

– Z tytułu? – zdziwiła się Amelia.

– Bezpodstawne oczernianie, naruszanie wizerunku, cokolwiek. Tylko to może trochę kosztować... – zawiesiła głos.

– Spoko, o pieniądze się nie martw – zareagowała natychmiast Amelia.

Karina uniosła w górę kciuk.

– Nie przejmuj się niczym, rób swoje i rozpiesz-czaj Grześka. Tylko na dobre ci to wyjdzie.

Amelia wcale nie była tego taka pewna.

Jakiś czas później, czekając jak zwykle na swojego męża, zasnęła razem z małym i zapomniała odnieść go do łóżeczka. Kiedy zadzwonił budzik, nie miała siły się ruszyć, bo Jaś znowu budził się niemal przez całą noc. Słyszała, jak Grzegorz krząta się po pokoju, ale dalej miała zamknięte oczy. Tak strasznie chciało jej się spać. Ale on nagle pochylił się nad nią i do-tknął ręką jej czoła.

Westchnęła i spojrzała na niego rozespanym wzrokiem.

– Coś się stało?

Patrzył na nią bez uśmiechu.

Usiadła na łóżku i odgarnęła do tyłu potargane włosy. Miała je wczoraj umyć, ale zabrakło jej sił. Dzisiaj się jakoś ogarnie.

– Amelia, nie podoba mi się to, co się z tobą ostatnio dzieje – zaczął Grzegorz. – Chciałbym, że-byś zaczęła dbać o siebie, trenować, nie wystarcza mi to, co jest teraz, nie pociągasz mnie, nie tak jak daw-niej. Jesteś ciągle zaspana, nieumalowana, nie pa-miętam już, kiedy widziałem cię w czymś innym niż dres. Zrób coś z tym. Chciałem ci o tym wcześniej powiedzieć, ale ciągle po domu kręciła się Karina.

Chociaż ona jakoś cię mobilizowała. Przynajmnicj jak wychodziłaś, to zamieniałaś dres na sukienkę. Ale mówię serio. Chcę, żeby wróciła dawna Amelia. Radosna, seksowna, roześmiana, pełna energii i w szpilkach. Serio wymagam aż tak wiele?

To było jak uderzenie młotem.

Przez moment siedziała jak skamieniała w pościeli od Versace i myślała, że to tylko zły sen. Przytuliła synka i zaczęła się trząść.

Co teraz?

Gdzie popełniła błąd?

Czy jej sytuacja jest zagrożona?

Czy to możliwe, że te wszystkie okropne słowa padły z ust jej ukochanego męża? Człowieka, dla którego zostawiła Polskę, rodzinę, przyjaciół, studia, rzuciła wszystko i przyleciała do Hiszpanii?

„Nie wystarcza mi to, co jest teraz".

Rozdział 11

Zawsze trzymaj rękę na pulsie

Kolejne dni płynęły szybko niczym rollercoaster. Do Amelii dotarło, że dalsze użalanie się nad sobą nie ma najmniejszego sensu. Już dzień po tym, co usłyszała od Grzegorza, postanowiła wziąć się w garść.

Tylko jak to ogarnąć?

Wstała, wzięła szybki prysznic, a potem odpaliła płytę z ćwiczeniami.

A może Grzegorz ma rację? W końcu wiele kobiet wychowuje dzieci, a mimo wszystko świetnie wygląda. Ma czas na makijaż, fryzjera, na zadbanie o siebie. A może to w niej tkwi problem? Może jest po prostu nieporadna i zbyt leniwa, żeby coś zmienić?

Położyła Jasia na macie i zmusiła swoje ciało do treningu. Nie było łatwo, ale dała radę. Ostatecznie kiedyś ćwiczyła po kilka godzin w tygodniu.

– Wiesz co? – zwróciła się do synka. – Tata ma rację i bardzo mu za tę szczerość dziękuję. Powiedział, co myśli, nie owijał w bawełnę. Powinnam wziąć się za siebie i przestać narzekać. Ostatecznie i tak mam lepiej niż większość kobiet. Piękne mieszkanie, markowe ubrania, pieniądze na koncie. Chyba faktycznie nieco mi odbiło.

Trochę ją bolało, że Grzesiek nigdy nie zapytał, jak się czuje i czy nie potrzebuje jakiejś pomocy, ale ostatecznie nie była małym dzieckiem. On ciężko pracował, a jej obowiązkiem było zadbanie o siebie i o dom. To przecież nie jest aż takie trudne.

Karina doradziła jej, żeby rozejrzała się za jakimiś znajomymi i zaczęła „bywać". Amelia trochę liczyła na przyjaźń z Megan, żoną hiszpańskiego obrońcy, który był ostatnio w ich domu dość częstym gościem. Grzesiek wspominał nawet, że z Manuelem całkiem dobrze się rozumie i że liczy na to, iż Amelia polubi jego żonę.

Do tamtej rozmowy sprzed ponad tygodnia nie wrócili.

Ona starała się o niej nie myśleć, a Grzesiek po prostu znikał na całe dnie. Postanowiła, że nie będzie więcej narzekać, tylko udowodni samej sobie, że poradzi sobie z każdą sytuacją. Może jej mąż miał rację? Może faktycznie nieco się zapuściła i przestała o siebie dbać? Głównym zadaniem WAG jest dobrze wyglądać. Uśmiechać się. Bywać na meczach i wspierać swojego piłkarza. Własną karierę należy odłożyć na później lub robić ją mimochodem, tak by nie przeszkadzać w niczym mężowi. Bycie influencerką jest doskonałym pomysłem na siebie i swój biznes. Nie każda może zostać Victorią Beckham, chyba jedną z nielicznych WAGs bardziej znaną od swojego męża. Ale każda może przynajmniej spróbować zrobić coś więcej, niż tylko pachnieć. Może kiedyś Amelia wróci na studia i może kiedyś to ona będzie ważna.

Ale nie teraz.

Teraz jest czas Grześka.

Sięgnęła po telefon i drżącą ręką wybrała numer Megan.

– Hej, kochana, chciałabym was zaprosić na małe party. Bez okazji, po prostu lubimy wasze towarzystwo – oznajmiła po angielsku, modląc się w duchu, aby Megan wyraziła zgodę. – Piątek wieczorem? Z tego, co wiem, nie ma wtedy treningu ani żadnego meczu, więc skorzystajmy z wolnego naszych mężów.

Czuła się jak podczas jakiegoś ważnego sprawdzianu, chociaż zupełnie nie rozumiała dlaczego. Ostatecznie to miała być tylko przyjacielska kolacja.

Megan na szczęście się zgodziła i Amelia odetchnęła z ulgą. To będzie idealna okazja, żeby seksownie się ubrać i zachować tak, aby Grzesiek był z niej zadowolony. Poprosi też opiekunkę, żeby tego wieczoru zajęła się Jasiem, żeby ona miała czas tylko dla siebie i znajomych. Pomyśli o jakimś oryginalnym menu, zamówi świeże kwiaty i dobry szampan. Zrobi się na bóstwo, pójdzie do fryzjera i kosmetyczki i kupi sobie tę zjawiskową sukienkę od Diora. Krótka, złota, z odkrytymi plecami. Wprawdzie kosztowała ponad cztery tysiące euro, ale tym Amelia na szczęście nie musiała się specjalnie martwić. Grzesiek nigdy niczego jej nie żałował. A w zamian oczekiwał po prostu uśmiechniętej i zadbanej żony.

Naprawdę to aż tak wiele?

Kiedy powiedziała mu o kolacji, podszedł do niej i pocałował ją w usta.

– Brawo, mała. Megan to naprawdę fajna laska i z całą pewnością przypadniecie sobie do gustu. Już się cieszę na ten wieczór.

Megan zdawała się pewną siebie, silną kobietą, która świetnie odnajdywała się w roli WAG. Była nieprawdopodobnie szczupła, cudownie opalona, miała kaskadę ciemnych włosów sięgających pasa, drobny nos, duże usta (nawet jeśli zrobione, to z całą pewnością u dobrego lekarza medycyny estetycznej, bo nie wyglądały karykaturalnie), do tego niemal granatowe oczy okolone długimi, gęstymi rzęsami oraz zniewalający, śnieżnobiały uśmiech.

Nic dziwnego, że mężczyźni oglądali się za nią na ulicy, a ona sama miała na Instagramie ponad trzysta tysięcy obserwujących. Pokazywała tam swoją codzienność, oczywiście odpowiednio ubraną. Wyspecjalizowała się nie tylko w odsłanianiu fragmentów luksusowego życia, lecz także stworzyła coś w rodzaju poradnika perfekcyjnej i ekskluzywnej pani domu, która absolutnie wszystko ma pod kontrolą. Na jej profilu często pojawiały się filmiki z tak prozaicznych czynności jak uzupełnianie zapasów w lodówce czy też dekorowanie łazienki, ale wszystko na najwyższym poziomie. Megan zawsze kupowała najdroższe preparaty, składniki, dodatki, ale jednocześnie zachowywała się tak, jakby to było coś naturalnego, iż każdego dnia na śniadanie zajada kawior, popijając go drogim szampanem. Nawet jej zwykła szczotka do kibla kosztowała ponad pięćset euro i bardziej przypominała element dekoracyjny niż coś, co służyło do tak prozaicznej czynności jak umycie toalety.

Poza tym Megan pozowała na prawdziwą gwiaz-
dę. Na zakupy zawsze wybierała się z ochroniarzem,
który nosił za nią wypchane torby, wielokrotnie też
sugerowała, że specjalnie dla niej są zamykane niektóre sklepy, żeby w spokoju i ciszy mogła buszo-
wać wśród wieszaków. Nie zastanawiała się, ile co
kosztuje i czy przeciętnego człowieka na to stać, po
prostu pokazywała swoje baśniowe życie bez mar-
twienia się o cokolwiek. Zresztą sprawiała również
podobne wrażenie.

Niemal przez cały czas była rozluźniona, wybuchała śmiechem, trzepotała rzęsami i oblizywała
usta. Jej włosy obłędnie pachniały czymś egzo-
tycznym, mieszanką jakichś bajecznych olejków
i ziół.

Amelia zauważyła, że Grzesiek nie odrywa od
niej wzroku, i to trochę ją zaniepokoiło. Z jednej
strony nie dziwiła mu się, ostatecznie Megan była
naprawdę atrakcyjna, z drugiej jednak – mógłby to
robić mniej ostentacyjnie. Ale on przez cały czas ją
zagadywał, dolewał szampana, zapraszał do Polski,
zupełnie nie wiadomo po co, i łamaną angielszczy-
zną próbował przekonać, że wspólnie z Amelią podziwiają ich jako parę.

– Ależ Grzegorz – śmiała się Megan (w jej ustach
brzmiało to jak „szeszosz") – daj spokój, nie jesteśmy nie wiadomo kim. Poza tym my również bardzo

was lubimy – zapewniała kilkukrotnie, choć trudno było ocenić, czy mówi prawdę.

Amelia po dwóch godzinach nieustającej paplaniny była trochę zmęczona ich wizytą i najchętniej zajrzałaby do małego, ale nie chciała wyjść na nieuprzejmą panią domu, która korzysta z byle okazji, aby się ulotnić. Problem polegał również na tym, że przy Megan wcale nie czuła się atrakcyjnie, chociaż zrobiła, co mogła, żeby dzisiejszego wieczoru wyglądać oszałamiająco. Początkowo tak właśnie było, zresztą Grzegorz na widok sukienki Diora, którą dzisiaj włożyła, tylko z uznaniem kiwnął głową. A jednak teraz w porównaniu z długonogą Megan, ubraną w tak obcisłą białą sukienkę, że praktycznie wyglądała ona jak druga skóra, Amelia nie była już taka pewna siebie. Ciągle wracały do niej słowa Grzegorza, że o siebie nie dba, że już go nie podnieca, i zastanawiała się, czy powiedział to tylko po to, by ją jakoś zmotywować, czy naprawdę tak myślał.

Tego wieczoru zachowywał się całkiem miło, chociaż większość jego uwagi była skupiona na Megan. Manuel z kolei wydawał się dość prostym chłopakiem, który niewiele się odzywał, za to z przyjemnością kosztował kolejnych trunków i co jakiś czas puszczał do Amelii oko, chociaż zupełnie nie rozumiała, w jakim celu.

Po jakimś czasie poczuła, że musi zaczerpnąć świeżego powietrza albo przynajmniej na moment oderwać się od tego towarzystwa. To nie było tak, że ich nie lubiła, po prostu czuła się trochę zaszczuta tym hałasem, pewnością siebie i nieustającymi wybuchami śmiechu z byle powodu. Najważniejsze jednak, że Grzesiek wyglądał na zrelaksowanego i chyba zadowolonego z tego wieczoru. Ona zaś była po prostu zmęczona, ale za żadne skarby świata nie chciała się do tego przyznać. Przeprosiła zatem na chwilę gości i pobiegła na górę, do łazienki. Otworzyła szeroko okno, wzięła kilka głębokich oddechów, następnie poszczypała policzki, aby wydawały się jeszcze bardziej zarumienione, pociągnęła rzęsy tuszem, a usta błyszczykiem, raz jeszcze wtarła w ciało delikatnie nabłyszczający balsam Givenchy, który cudownie rozświetlał skórę, potrząsnęła włosami i uśmiechnęła się do swojego odbicia w lustrze.

– Tak, Amelio. Dokładnie taką chce cię widzieć świat i twój mąż również. Więc teraz grzecznie zejdź na dół, wypij kolejną lampkę szampana i rozluźnij się w końcu – powiedziała do siebie.

Kiedy wyszła na korytarz, przed jej nosem nagle wyrósł Manuel, który podszedł do niej tak blisko, że na moment straciła oddech.

– Ameliii – pochylił się w jej kierunku i wyszeptał do ucha jej imię, przeciągając ostatnią samogłoskę.

Zupełnie nie wiedziała, jak zareagować i co powinna zrobić. Uśmiechnęła się tylko niepewnie i próbowała go wyminąć, ale facet nagle przycisnął ją do ściany, a potem położył rękę na jej piersi.

– Jesteś taka piękna. Gdybyś tylko chciała, możemy zabawić się w zamianę.

Amelia znieruchomiała. Zamianę? Co on, u diabła, miał na myśli?

Wyswobodziła się jakoś z jego uścisku i tylko wskazała ręką na schody, mówiąc, że pewnie Grzegorz i Megan na nich czekają.

– Może tak, może nie – odpowiedział lakonicznie Manuel. – Może również są zajęci sobą.

Amelia poczuła, jak jej serce zaczyna coraz mocniej bić. To, co sugerował ten facet, było wyjątkowo obrzydliwe, chociaż wolała myśleć, że to tylko jakiś żart albo że źle interpretuje jego słowa. Albo po prostu był pijany i sam nie wiedział, co mówi. Zbiegła jednak szybko na dół i udała, że nie widzi, jak Grzegorz gwałtownie odskakuje od Megan, a ona odwraca się i idzie w kierunku kuchni.

– Piękne kwiaty – zawołała, uśmiechając się szeroko do Amelii i dotykając ogromnych białych róż, zamówionych specjalnie na tę okazję.

Kurwa! To chyba niemożliwe, żeby Grzesiek próbował z nią flirtować, a z kolei mąż Megan podrywał Amelię! Czy na tym właśnie miała polegać owa zamiana? Było to tak absurdalne, obrzydliwe i wstrętne, że Amelia najchętniej wyprosiłaby gości z domu i zasugerowała, żeby więcej się tu nie pojawiali. A jednak po raz kolejny zacisnęła zęby, udając, że niczego nie widziała i niczego nie rozumie. Postanowiła, że później porozmawia spokojnie z Grzegorzem i spróbuje mu wyjaśnić, że chyba nie na tym polegają związek, miłość i partnerstwo. I nawet jeżeli chwilowo ona nie jest w formie, to chyba mógłby to zrozumieć. Ostatecznie mają w domu maleńkie dziecko, a ona czuje się z tym wszystkim sama.

Znowu się nad sobą użalasz, coś zaświtało jej w głowie. *Przejrzyj wreszcie na oczy i zachowuj się jak dojrzała kobieta, która nie z takimi sytuacjami jest w stanie sobie poradzić.*

Kiedy goście w końcu wyszli, Amelia miała dwie możliwości zakończenia tego wieczoru. Albo urządzić Grzegorzowi karczemną awanturę, wszystko mu wygarnąć i powiedzieć, że nie pisała się na hiszpańskie romanse z cudzymi żonami, albo po prostu wszystko zignorować i zaciągnąć go do sypialni. Wybrała tę drugą opcję, wychodząc z założenia, że czasem trzeba po prostu przymknąć oczy na niektóre sprawy, nawet jeżeli są bolesne. A jednak tej nocy długo nie mogła zasnąć, mimo iż Grzegorz był wyjątkowo czuły, szeptał jej do uszu same komplementy i dziękował za dzisiejszy wieczór.

Przez cały czas zastanawiała się jednak, czy kochając się z nią, wyobrażał sobie Megan. Czy myślał o długonogiej, pięknej Hiszpance, którą najwyraźniej również kręcił polski piłkarz i która z całą pewnością nie miałaby żadnych oporów, żeby się z nim przespać.

Czy ten świat faktycznie tak wygląda, czy po prostu trafiła na nieodpowiednie osoby? Być może powinna trochę bardziej zgłębić to środowisko, poznać innych ludzi i sama zadecydować, z kim jest jej po drodze. Być może istniały WAGs, które myślały tak jak ona i które również potrzebowały wsparcia w codziennym życiu. To chyba niemożliwe, żeby po świecie chodziły tylko takie kobiety jak Megan, którym się wydawało, że wolno im sięgać po wszystko, czego chcą.

– Nie śpisz? – Grzesiek zamruczał jej do ucha, a następnie przyciągnął ją do siebie. – Chyba znowu mam na ciebie ochotę – powiedział, a ona tylko odwzajemniła jego pocałunki.

Może niepotrzebnie się martwi. Może to był po prostu głupi wieczór ze zbyt dużą ilością alkoholu, a ona robi z tego niepotrzebny dramat. Przecież się kochają. Są rodziną.

Następnego dnia udawała, że nic się nie stało. Wstała trochę wcześniej i przygotowała śniadanie dla całej ich trójki. Ubrała się też w zwiewną, białą sukienkę od Max Mary, a włosy upięła w wysoki kok. Postarała się o delikatny makijaż, a potem z przyjemnością zerknęła na siebie w lustrze.

O, właśnie tak.

– Pięknie wyglądasz – Grzegorz wszedł do kuchni i rzucił jej zachwycone spojrzenie. – Taką żonę to ja uwielbiam – dodał jeszcze, a Amelia podała świeżo zmiksowany koktajl ze szpinaku, ananasa i kiwi.

– Nie dostanę kawy? – zrobił smutną minę.

Uśmiechnęła się.

– Może trochę później. Ale dobrze wiesz, że na początek dnia najlepsze są oczyszczające smoothie.

– Takie, jakie Ania robi Robertowi? – roześmiał się. – Uwielbiam, jak o mnie dbasz – dodał jeszcze.

Amelię korciło, żeby porozmawiać o wczorajszym wieczorze i zapytać go o Megan, ale ostatecznie tego nie zrobiła. Postanowiła o wszystkim zapomnieć, nie przejmować się i na wszelki wypadek trzymać rękę na pulsie. A także koniecznie znaleźć innych znajomych, żeby się nie okazało, że tylko Megan i Manuel będą ich regularnie odwiedzać. Do tego za żadne skarby świata nie mogła dopuścić.

Zrobiła zdjęcie pokrojonego ananasa, kilku rozrzuconych liści szpinaku oraz wysokiej szklanki z zielonym napojem, a następnie wrzuciła je na Instagram z podpisem:

Dzień dobry z gorącej Sewilli. Ja już po śniadaniu, a jak tam u was?

Rozdział 12

Życie ze sportowcem
to opera mydlana

Po kilku miesiącach spędzonych w Hiszpanii u boku męża piłkarza Amelia nauczyła się wielu rzeczy. Dotarło do niej, co tak naprawdę się liczy i jakie jest jej miejsce w tym układzie.

Sport to opera mydlana, pełna dramatów, intryg, rywalizacji, narracji i skandali, jak każde *reality show*. A rola kobiety pozostaje ciągle taka sama i polega głównie na przykuwaniu uwagi. Boks ma swoje *ring girls*, futbol amerykański – *cheerleaderki*, które są ozdobami mającymi rozpalić tłum. Na podobniej zasadzie funkcjonują WAGs, tyle że ich obecność rzuca trochę inne światło na wszystkie pozasportowe rzeczy, które sprawiają, że śledzenie poszczególnych dyscyplin stało się takie wciągające. Plotki, moda, celebryci, skandale, wakacje, afery. Im głośniej i dramatyczniej, tym lepiej.

W dzisiejszych czasach media bombardują zwykłego zjadacza chleba treściami pokazującymi życie bogatych kobiet, ale w przypadku WAGs istnieje inny poziom krytyki. Może dlatego, że ich sukces wynika z osiągnięć, co do których ludzie mają pewne wątpliwości? Może stąd ten hejt? Owszem, nie każda WAG wzbudza nienawiść ogółu społeczeństwa, najczęściej dotyczy to tych, które są głośne i nie zgadzają się na rolę wyłącznie ozdoby do garnituru. Brittany Mahomes, żona rozgrywającego Kansas City Chiefs Patricka Mahomesa, stała się głównym celem internetowych ataków głównie ze względu na przesadne adorowanie swojego faceta. Brittany chętnie krytykowała sędziów na Twitterze, głośno zachowywała się podczas meczów i wdawała w internetowe pyskówki z fanami innych drużyn. W jednym z ostatnich wywiadów otwarcie przyznała, że musiała zmienić numer telefonu, bowiem ludzie wysyłali jej obraźliwe esemesy, nękali ją i straszyli.

Amelia dowiadywała się tego wszystkiego i czuła coraz mniej pewnie.

Jak się zachowywać?

Jaką być żoną?

Cichą i niezbyt rzucającą się w oczy? Wspierać, owszem, ale niezbyt głośno i nachalnie? Być jak Olivia Holzmacher, dziewczyna rozgrywającego

Bengals Joego Burrowa, która po prostu wrzuca ładne zdjęcia? Albo jak żona LeBrona Jamesa, Savannah James, chwalona za swoje wyważenie i stanie nieco w cieniu męża? Z drugiej strony nie od dzisiaj wiadomo, że kultura WAGs jest już wielkim biznesem, co pewnie dla niektórych stanowi niemały problem.

Strasznie trudno jest znaleźć złoty środek, a jednocześnie pozostać sobą. Nie czuć się pionkiem, który inni mogą przesuwać według własnego uznania.

– Zjemy dziś razem kolację? – spytała Amelia w pewien wtorkowy poranek.

– Ani dziś, ani jutro, ale postaram się w piątek. Mam huk zobowiązań – odpowiedział Grzesiek.

Zamilkła, bo co miała na to odpowiedzieć?

– Chciałabym polecieć na kilka dni do Polski. Odwiedzić mamę, koleżanki – powiedziała innego dnia.

– Amelia, nie teraz. Ja cię potrzebuję tu, na miejscu. Są mecze, a na meczach powinnaś być. Poza tym nie lubię obcych osób w domu ani żarcia cateringowego. Wolę, kiedy ty przygotowujesz mi posiłki.

I znowu zamilkła.

Grzesiek pojechał na trening, a ona się zamyśliła.

Czy wolno jej się zbuntować? Tak jak w dwa tysiące szóstym roku zrobiły to niektóre WAGs. Do dzisiaj się to niektórym odbijało czkawką.

Termin „WAGs" może i stał się już globalny, ale jego pierwsze i najbardziej dramatyczne wejście do publicznego leksykonu nastąpiło wtedy, kiedy WAGs reprezentacji Anglii w piłce nożnej zagroziły, że przyćmią występy swoich mężów na mistrzostwach świata w piłce nożnej. Victoria Beckham, Cheryl Cole i Coleen Rooney były stałymi bywalczyniami tabloidów ze względu na swoje nocne wypady do barów i efektowne występy na trybunach. A ponieważ drużyna Anglii raczej nie odnotowała wtedy dobrego sezonu, to właśnie WAGs zostały za wszystko obwinione. Bo odwracały uwagę. Powinny były siedzieć cicho i robić, co do nich należy.

Tylko co konkretnie?

Obecność i widoczność WAGs zmienia sposób postrzegania ich partnerów. Piłkarze są coraz częściej uważani za nadludzi i ich partnerki muszą zrobić wszystko, żeby ten mit utrzymać jak najdłużej. W rzeczywistości jest to po prostu snobizm, który w dziwny sposób przenosi się na osoby uważane za sławne z powodu... bycia sławnymi.

Trudno to wszystko zrozumieć i ogarnąć, zwłaszcza kiedy jest się z dala od domu, w obcym kraju, a przyszłość to jedna wielka niewiadoma. Nie każdy potrafi tak żyć i nie każdy chce. Ale Amelia nie miała wyjścia. Nie chciała niszczyć rodziny, którą dopiero co zbudowali. To tylko chwilowe trudności, miotanie się we mgle, ale z czasem wszystko musi się przecież ułożyć. Chciałaby być w tym miejscu co Ania Lewandowska. Z własnym imperium, z własnymi pomysłami na siebie i swój biznes. Wiele kobiet żyje w cieniu swoich mężów, niektóre z wyboru, inne z konieczności. Amelia należała raczej do tej drugiej grupy, ale na razie nic nie mogła z tym zrobić.

Postanowiła jednak, że najszybciej, jak tylko będzie mogła, wróci na studia, nawet on-line. Może w przyszłości zostanie coachem? Terapeutką wspierającą inne kobiety, które znalazły się w jakiejś absurdalnej bańce mydlanej i zupełnie nie wiedzą co dalej?

To się może udać.

Przecież istnieją WAGs, które już wcześniej były sławne, które uciekają od schematu pustej lali, bo mają coś własnego, coś, co wcale nie jest gorsze od kariery ich mężów. Gisele Bündchen wielokrotnie przyćmiewała Toma Brady'ego, a wiele osób stanęło po jej stronie podczas ich rozwodu. I coraz częściej wiele WAGs ma swoich fanów, jeszcze zanim umówią się na randkę ze sławnym piłkarzem – jak Perrie Edwards, która miała już wcześniej swój zespół Little Mix, i Alisha Lehmann, która sama jest również piłkarką. Albo próbują zrobić coś własnego, chociaż nie muszą – jak Georgina Rodríguez (która ma ponad czterdzieści milionów obserwujących na Instagramie), występująca we własnym *reality show*. Jasne, można zacząć być sławną z powodu posiadania sławnego męża, ale ostatecznie rozkwitnąć w pewną siebie, silną kobietę, która dobrze wykorzystuje swoje umiejętności i szansę, jaką dał jej los.

Amelia podniosła z podłogi synka i mocno go do siebie przytuliła.

– Nie damy się. Mama chwilowo jest w rozsypce, ale obiecuję ci, że jeszcze będziesz ze mnie dumny. Ale na razie zrobimy tacie niespodziankę i odwiedzimy go podczas treningu, co ty na to?

Estadio Ramón Sánchez Pizjuán to obiekt, na którym od tysiąc dziewięćset pięćdziesiątego ósmego roku Sevilla FC rozgrywa mecze u siebie. La Furia Roja rozegrała tu pierwszy mecz w czerwcu sześćdziesiątego pierwszego roku, pokonując Argentynę dwa do zera. Drużyna narodowa nigdy nie przegrała pojedynku w obiekcie należącym do Sevilli FC. Sam klub zaś w swoim domu przegrał jedynie siedem spotkań w europejskich pucharach. Amelia miała cichą nadzieję, że Grzegorz podniesie statystyki wygranych meczów i stanie się ulubieńcem publiczności. Ostatecznie od tego zależała również jej przyszłość.

Trening jeszcze się nie skończył, ale Grześka nie było na boisku. Postanowiła, że poszuka go w szatni, a potem może uda im się wyskoczyć wspólnie na lunch. Choćby na pół godziny.

Początkowo trochę się zgubiła, ale ostatecznie znalazła wejście do szatni i już z oddali usłyszała jakieś przytłumione głosy. Nie wiedziała, dlaczego serce nagle zaczęło jej gwałtownie bić, a ona poczuła napływającą falę gorąca. Podeszła nieco bliżej i od razu rozpoznała Grześka, który namiętnie całował Megan, stojącą przed nim w samych tylko stringach.

Krew odpłynęła jej z twarzy, chciała do nich podbiec, uderzyć swojego męża, a potem odwrócić się na pięcie i zostawić to całe gówno za sobą. Ale jednak zachowała zimną krew. Podeszła spokojnie do tej dwójki i oznajmiła lodowatym tonem:

– Wpadliśmy z Jasiem zabrać cię na lunch. Ale nie przerywaj sobie, ostatecznie dobry orgazm to też ważna rzecz.

A potem faktycznie odwróciła się na pięcie i wyszła.

Rozdział 13

Czasem trzeba się poświęcić

Gdyby ktoś zapytał Amelię, dlaczego mimo wszystko została z Grzegorzem, pewnie trudno byłoby jej znaleźć jednoznaczną odpowiedź na to pytanie. Początkowo wszystko kazało jej uciekać z tego miejsca, zabrać małego i nie brać więcej udziału w tym teatrze blichtru i wzajemnego oszukiwania się. Ale potem przyszły refleksja i strach, że sama z niczym sobie nie poradzi. Wstydziła się tych myśli i była na siebie zła, że nie potrafi podjąć rozsądnej decyzji, ale obawa o przyszłość zwyciężyła. W pewnym momencie poczuła nawet strach, że to Grzegorz ją zostawi, że zwiąże się z Megan i to ona, Amelia, straci na tym wszystkim najbardziej.

Przerażała ją świadomość, że wróci do Warszawy z niczym, że znowu stanie się tylko anonimową dziewczyną, jedną z tych porzuconych, taką, która po prostu znudziła się znanemu piłkarzowi i została

odprawiona z kwitkiem. Przecież o takich histo-
riach sama niejednokrotnie czytała. Zdesperowana
zadzwoniła do Kariny, ale przyjaciółka zareagowała
dokładnie tak, jak Amelia przewidziała.

– Zanim zrobisz jakieś głupstwo i spakujesz walizki, wypij szklankę lodowatej wody albo wejdź pod
prysznic i zastanów się, ile zyskasz, a ile stracisz. Na
zimno, bez żadnych emocji.

– Nie będę się godziła na zdradę – odpowiedziała
cicho Amelia.

– Oczywiście, doskonale cię rozumiem. Ale może
to był tylko zwykły flirt albo może ta baba po prostu
Grześka sprowokowała.

– I to go w jakikolwiek sposób usprawiedliwia?
– zdumiała się Amelia. – Przecież mógł odmówić.
Powiedzieć, że ma żonę, dziecko, rodzinę i nie jest
zainteresowany romansem.

– Amelia, daj spokój, jaki facet nie byłby zainteresowany, gdyby rzuciła się na niego długonoga
piękność będąca obiektem westchnień niejednego
faceta. Grzesiek zadziałał bezmózgowo, za to in-
stynktownie. Typowy samiec. Ale z całą pewnością
tego żałuje.

Tu Karina faktycznie miała rację, bo Grzesiek jeszcze tego samego wieczoru przybiegł do
domu z naręczem ponad pięćdziesięciu róż, rzucił
się na kolana i zaczął ją przepraszać. Powiedział,

że nie wie, co go napadło, że czuł się ostatnio zdołowany, bo trener nie wystawił go do najbliższego składu. A potem nagle pojawiła się Megan i zaczęła go pocieszać, mówić, że wszystko będzie w porządku i że prawie każdy piłkarz przez coś takiego przechodzi. Głaskała go, przytulała, a on sam nie wiedział, kiedy znalazł się w tak dwuznacznej sytuacji.

Amelia tylko parsknęła śmiechem.

– Chcesz mi powiedzieć, że nie miałeś wpływu na to, co zobaczyłam? Że po prostu zaatakowała cię znienacka, a ty, biedaku, nie wiedziałeś, jak się zachować? A może po prostu chciałeś być miły i doszedłeś do wniosku, że nie wypada odrzucać względów tak zaangażowanej, na wpół nagiej kobiety?

Grzesiek spuścił głowę i nerwowo przygryzał dolną wargę. Dobrze przynajmniej, że czuł się winny.

– Amelia. Wiem, jak to wyglądało, i wiem, jak miałaś prawo się poczuć. Ale uwierz mi, ta kobieta dla mnie nic nie znaczy. Owszem, jest atrakcyjna, może się podobać, ale to ty jesteś moją żoną. Ty i Jasiek jesteście całym moim światem, dlatego strasznie raz jeszcze cię przepraszam. Spróbujmy jakoś przejść nad tym do porządku dziennego, uznać, że zrobiłem cholernie głupi błąd, a ty postarasz mi się go wybaczyć. Przysięgam, do niczego nie doszło.

Amelia z każdym kolejnym słowem Grzegorza czuła się coraz gorzej, ale jednocześnie wiedziała, że nie będzie miała dość siły, by odejść. Nie chciała tego robić ani sobie, ani swojemu synkowi, a przecież to na jego przyszłości zależało jej najbardziej.

Przez kolejne dni, a nawet tygodnie, Grzesiek dwoił się i troił, żeby być dobrym mężem, przynosił jej prezenty, zapraszał na kolacje, mimo iż skutecznie odmawiała, błagał o wybaczenie i obiecywał, że więcej nie zaprosi ani Megan, ani Manuela do ich domu.

– Naprawdę, nie chcę mieć z nią więcej do czynienia – zapewniał gorliwie.

Pewnego dnia, kiedy siedzieli razem przy śniadaniu, a Amelia po raz kolejny zastanawiała się, jak to wszystko pogodzić, Grzesiek położył na stole kopertę.

– To prezent. Wiem, że niczym cię nie przekupię, ale pomyślałem, że krótki urlop dobrze nam zrobi. Masz rację, że ciągle mnie nie ma, że za mało czasu poświęcam tobie i Jasiowi. Proszę cię, nie odmawiaj. Spróbujmy raz jeszcze, z dala od tego wszystkiego, tylko nasza trójka.

Amelia sięgnęła po kopertę i wyciągnęła bilety na klasę biznes do Dubaju. Zawsze marzyła, żeby odwiedzić to miejsce i zobaczyć cały ten luksus na żywo. Szkoda tylko, że ten prezent pojawił się w okolicznościach, w których tak naprawdę nie potrafiła się z niego za bardzo cieszyć. Pokiwała tylko głową i obiecała Grześkowi, że się zastanowi.

– Dubaj? – ucieszyła się Karina, kiedy Amelia wszystko jej opowiedziała. – No i bardzo dobrze. To znaczy, że facet naprawdę zrozumiał swój błąd i żałuje tego, co się stało. Daj mu szansę. Nie jest pierwszym, który został wystawiony na pokuszenie, i pewnie też nie ostatnim. Ten świat czasem tak wygląda, ale mądra kobieta będzie wiedziała, jak temu na przyszłość zaradzić.

– Nie wiem, czy potrafię wybaczyć zdradę – szepnęła Amelia.

– A potrafisz wrócić do życia w kawalerce w Warszawie, do jedzenia w barach mlecznych i kupowania ubrań w sieciówkach? Wiem, może brzmi to trochę brutalnie, ale taka jest rzeczywistość. Pamiętaj, że masz tam wszystko, a jeżeli będziesz mądra i elastyczna, to po jakimś czasie uda ci się również zaplanować własną karierę. Ale bez Grześka u boku to nie będzie możliwe. Czasem już tak jest, że najpierw trzeba się poświęcić, żeby potem odcinać kupony. Żyje się raz, banalne, ale prawdziwe. Aha, jeszcze jedno. Uciszyłam te dwie hejterki, które wypisywały bzdury na twój temat.

– W jaki sposób?

– Najprostszy. Kasą. Dostały po tysiąc euro i po karnecie na masaż.

– Przeleję ci te pieniądze.

– Spoko. Najważniejsze, żebyś się teraz ogarnęła i nie podejmowała pochopnych decyzji. Leć do Dubaju i uporządkuj myśli.

Problem polegał na tym, że Karina miała rację, i Amelia świetnie zdawała sobie z tego sprawę. Z drugiej strony czuła się z tym wszystkim źle, zupełnie jakby godziła się na układ wbrew własnemu sumieniu i moralności. Ale kiedy spojrzała na śpiącego Jasia przytulającego pluszowego króliczka do swojej twarzy, doszła do wniosku, że czasami trzeba ponieść ofiarę. Wyważyć za i przeciw.

Zgodziła się zatem na ten wyjazd, obiecując sobie, że jeżeli następnym razem będzie mieć chociaż cień podejrzenia, że Grzesiek ją zdradza, natychmiast wystąpi o rozwód. Ale być może trzeba dać mu szansę i zobaczyć, dokąd ich to zaprowadzi.

Hotel Atlantis, The Palm w Dubaju, wyglądający jak olbrzymi, majestatyczny pałac, niewątpliwie był symbolem luksusu i bogactwa. Pałacowe kolumny, marmur, złocenia, szklana rzeźba Dale'a Chihuly'ego, amerykańskiego artysty, stojąca w lobby i przykuwająca wzrok turystów. Do tego oceanarium Lost Chambers, które można podglądać z niektórych pokoi hotelowych. Przepych, wystawność, bajeczność. Cena za dobę zaczynała się od tysiąca euro, ale chętnych nie brakowało.

Amelia była zachwycona, czuła się jak księżniczka z baśni tysiąca i jednej nocy, której ktoś podarował raj. Do dyspozycji mieli gigantyczny apartament, który miał ponad dwieście metrów kwadratowych, dwie łazienki oraz prywatną siłownię. Wszystko utrzymane w kolorach bieli i turkusu i dodatkowo z zapierającym dech w piersiach widokiem na oceanarium i Palmę.

Idealne miejsce, żeby o wszystkim zapomnieć i zacząć od nowa.

Jeszcze tego samego wieczoru Grzesiek podarował jej miniaturową torebeczkę Chanel i cudowny naszyjnik z diamentem w kształcie serca.

– Przekupujesz mnie? – spytała nieco zaczepnie.

– Nie, po prostu naprawdę cię kocham – odpowiedział, a ona chciała uwierzyć, że szczerze.

– I mam coś jeszcze – puścił do niej oko. – Zamówiłem dla ciebie torebkę Diora z limitowanej serii. Ale nie wiedziałem, jaki kolor wolisz, więc sprowadzą białą i czarną. Chociaż wiesz co? Weź po prostu obie!

Amelia przytuliła się do niego.

– Nie chcę torebki – wyszeptała mu do ucha. – Chcę właśnie tego. Żebyś mnie po prostu kochał.

Czasami wydawało jej się, że nie zasługuje na te wszystkie podarunki, chociaż Grzesiek nigdy nie dał jej tego odczuć. A jednak czuła się nieswojo, kiedy wydawała fortunę na ciuchy, dodatki czy buty. Owszem, pewnie każda kobieta o tym marzy, ale dla niej o wiele ważniejsze było to, że Grzegorz wpatrywał się w nią jak w obrazek. Tak właśnie powinna wyglądać miłość.

Do Atlantis, The Palm przylecieli również Esmeralda i Diego, którego Amelia kojarzyła z klubu. Zwłaszcza dziewczyna wydała jej się od razu dość sympatyczna i w jakimś sensie normalna – w dżinsach, z wysoko upiętym kucykiem i delikatnym makijażem. W niczym nie przypominała seksownej Megan, dla której nawet zwykłe wyjście do sklepu po owoce stawało się pretekstem do odstawienia rewii mody. Esme, jak nazywał ją jej mąż, miała dwadzieścia siedem lat i próbowała swoich sił jako designerka ciuszków dla dzieci. Miała w domu dwuletnią Carmen, która uwielbiała przebieranki i była urodzoną modelką.

– Fajny pomysł – uśmiechnęła się Amelia, przeglądając w komórce projekty Esme. – Ja też chciałabym robić coś swojego – wyrwało jej się.

– No i bardzo słusznie – zgodziła się dziewczyna. – Większość ludzi ma problem z WAGs, bo wydaje im się, że my po prostu wykorzystujemy sukces swoich mężczyzn. Ale skąd ci ludzie wiedzą, czy to nie my czasem stanowimy klucz do sukcesu? Na pewno słyszałaś takie zdanie, że za każdym wielkim mężczyzną stoi kobieta? I ja się z tym w stu procentach zgadzam. Owszem, to głównie Diego zarabia i jest motorem finansowym naszej rodziny, ale ja odwalam całą resztę. Gotuję dla niego, wożę go na treningi, rozmasowuję mu obolałe łydki i ratuję sytuację, kiedy ma kontuzję i nie może grać. Wiele osób uważa, że to megazajebiste „chodzić z piłkarzem", tyle że piłka nożna wcale nie jest efektowna, jeśli masz ją na co dzień. Wiadomo, mamy fajne wakacje, odjechany dom, megasamochód i co tam tylko sobie wymarzysz, ale gdy twój partner ma długotrwałą kontuzję lub nie jest wybierany do gry i tylko siedzi na ławce, to, uwierz mi, przestaje być tak kolorowo.

Amelia pokiwała głową. Kontuzje zawsze są skomplikowane nie tylko dla piłkarzy, lecz głównie dla ich partnerek, a ten ból potęguje ostra krytyka ze strony fanów.

– Kiedy Diego nie mógł grać w ubiegłym roku, próbowałam przestać wchodzić na Twittera i nie czytać tych wszystkich komentarzy – westchnęła Esme. – Wiesz, co ktoś kiedyś napisał? Że kontuzja Diega nie jest wcale taka zła, przynajmniej na boisko wszedł ktoś lepszy od niego. A potem pojawiły się sugestie, że symuluje, bo ostatnio słabo mu szło. I jak z tym walczyć?

– No właśnie. I co zrobiłaś? – zaciekawiła się Amelia.

– Kupiłam psa.

– Słucham?

– Kupiłam psa rasy chow-chow, to jest taki wielki niedźwiedź, na widok którego po prostu musisz się uśmiechnąć. I wytresowałam go tak, że kiedy Diego wraca do domu, Balu wita go jako pierwszy. I wiesz co? To od razu rozładowuje atmosferę. Początkowo myślałam, że to głupi pomysł, ale żaden pomysł nie jest głupi, jeśli działa – roześmiała się.

Esme była naprawdę fajna. Amelia czuła się w jej towarzystwie dobrze i szybko zapomniała o swoich rozterkach. Czuła, że wszystko jakoś się ułoży, a zawracanie sobie głowy Megan jest po prostu bezsensowne. Zwłaszcza po tym, czego się o niej dowiedziała.

– Daj spokój, każda z nas przez to przeszła – machnęła ręką Esme, kiedy Amelia zwierzyła jej się ze swoich rozterek.

– Co masz na myśli?

– Każdy wie, że Megan uwielbia flirtować i chce, żeby wszyscy uważali ją za boginię. Próbowała wyrwać chyba każdego piłkarza, jakiego kiedykolwiek poznała.

– Diega również?

– Oczywiście. Ona i jej mąż mają jakiś dziwny układ. Podobno uzgodnili między sobą, że wolno im się bzykać, z kim chcą. Ale rozwód nie wchodzi w grę. Za cholerę nie kumam tej umowy, ale to nie moja sprawa. Oczywiście tak było do czasu, kiedy nie zaczęła się dobierać do Diega.

– I co wtedy zrobiłaś?

– Odwiedziłam ją w jej luksusowej willi i oznajmiłam, że jeśli nie odczepi się od mojego męża, cały świat dowie się, co robiła kilka lat temu.

– A co robiła?

Esme zmrużyła oczy.

– Nie wiem na pewno, ale chodzą słuchy, że dorabiała w barach go-go. Tam ją zresztą wyhaczył Manuel, no i jakimś cudem zostali parą. Coś jednak musiało być na rzeczy, bo co prawda kazała mi spadać, ale odczepiła się od mojego męża. Więc następnym razem powiedz jej to samo. I kompletnie się niczym nie przejmuj.

– Grzesiek ją całował – mruknęła Amelia.

Esme machnęła ręką.

– Podejrzewam, że jakaś część facetów się na nią skusiła, w końcu faktycznie wygląda jak milion dolarów. Trudno, taka już męska natura. Wiadomo, którą częścią ciała myślą najczęściej.

Amelii nie wydawało się to takie oczywiste i proste, ale postanowiła posłuchać Esme i więcej nie wracać do tematu.

– A ty rób swoje, bo pamiętaj, że w piłkę nie da się kopać dożywotnio – ciągnęła nowa znajoma. – Poza tym, mając coś własnego, przestaniesz być postrzegana jak pustak, który zajmuje się wyłącznie lataniem po sklepach i doklejaniem sztucznych rzęs. Sposób, w jaki opinia publiczna postrzega WAGs, prawie nie ewoluował od czasu powstania tego terminu, dlatego trzeba z tym walczyć. Dla większości jesteśmy próżnymi materialistkami i pisze się o nas w takim kontekście, że za pieniądze nie można kupić szczęścia ani odpowiedniego zachowania. Kiedyś jakaś dziennikarka porównała nas do zwierząt. Napisała, że jesteśmy jak długonogie klacze, które z ekscytacją stąpają po ziemi, a nasze kopyta są obute w szpilki tak wysokie, że wyglądamy absurdalnie jak stworzenia z Avatara. A Fabio Capello nazwał nas nawet wirusem.

– Kto to?

– Capello? Włoski piłkarz, ale już stary dziad i pewnie trudno byłoby mu zdobyć jedną z nas – puściła do Amelii oko. – Powiem ci coś jeszcze. Partnerki piłkarzy powinny trzymać się razem, bo wtedy możemy sobie nawzajem pomóc. Oczywiście najpierw eliminujemy takie pijawki jak Megan, to zrozumiałe. Ale jeśli chcesz coś w życiu osiągnąć, to pamiętaj, że twój facet raczej ci w tym nie pomoże. Bo nie będzie miał na to ani czasu, ani głowy.

Równoważenie własnych celów z celami partnera nigdy nie jest łatwe. Ale trzeba próbować. Nazywanie nas opalonymi wampirzycami polującymi na najnowszą torebkę nerkę od Louisa Vuittona jest tylko debilnym nagłówkiem, a nie prawdą. My robimy tak naprawdę to samo co większość kobiet niebędących żonami piłkarzy – próbujemy sobie radzić i być przy tym szczęśliwe. A że jesteśmy bardziej wystawione na durne komentarze i hejt, to już zupełnie inna sprawa.

– Dzięki za te słowa – uśmiechnęła się Amelia. – Chyba muszę ci postawić szampana.

– Jasne. Ale pamiętaj, że piję tylko Louis Roederer Cristal Rosé, taka jestem zepsuta – wybuchnęła śmiechem Esme.

Rozdział 14

Jak wysoką cenę zapłacisz za bycie WAG?

Amelia obudziła się tego ranka dużo wcześniej niż Jaś i Grzegorz i z przyjemnością wyszła na ogromny taras z filiżanką świeżo zaparzonej kawy. Dubaj był magiczny. Piękny, baśniowy i zupełnie odrealniony, co jednak wcale jej nie przeszkadzało. Zresztą po tym, co przeczytała wczoraj na Pudelku, idealnie pasował do WAGs.

Choć WAG's starają się jednocześnie przekonywać, że są „zwykłymi dziewczynami", żyją w takim luksusie, że często tracą kontakt z rzeczywistością. Wszystkie łączy pasja do drogich torebek, na które chętnie wydają po kilkanaście, a nawet kilkadziesiąt tysięcy złotych. Z niektórymi pokazują się potem tylko raz. Za cenę swoich kolekcji mogłyby kupić ładny dom[4].

Amelia wzruszyła ramionami. Po wczorajszej rozmowie z Esme postanowiła się nie przejmować tym, co o nich pisano. Być może ludzie zazdroszczą WAGs, bo nie mogą się pogodzić z faktem, że ktoś tak po prostu wszedł do elity finansowej i towarzyskiej, spotkawszy bogatego, odnoszącego sukcesy faceta. W serialu *Orange is the New Black* jedna z bohaterek spotyka się z koszykarzem i sama mówi, że wygrała los na loterii. I coś w tym jest. Ale czy trzeba z tego powodu wieszać na kimś psy? Rozwodzić się nad tym, że ktoś nie zasłużył na takie życie, bo ma długie nogi i zrobione cycki?

Od dzisiaj mam to gdzieś, obiecała sobie, z lubością siadając na puchowych poduszkach i sięgając po koszyczek ze świeżymi truskawkami. *Każdy ma takie życie, jakie sobie stworzył. Ja chciałam wyjść za piłkarza i to zrobiłam. Co wcale nie znaczy, że nie mam żadnych problemów. Tyle że świat wcale nie chce o nich słyszeć.*

Grzegorz dołączył do niej pół godziny później.

– Mały jeszcze śpi? – spytała.

Przytaknął.

– Dziękuję ci, że mi wybaczyłaś – szepnął i uklęknął przed nią. – Raz jeszcze przysięgam, że to się nigdy więcej nie powtórzy.

Amelia bardzo chciała mu uwierzyć, więc tylko przyciągnęła go do siebie i namiętnie pocałowała.

Każde małżeństwo ma swoje lepsze i gorsze dni. Trzeba się nauczyć między nimi lawirować i łapać chwile szczęścia. I nie przejmować durnymi tekstami plotkarskich portali. Takimi jak ten, który wpadł jej ostatnio w oko.

Modelka z Ząbkowic Śląskich mieszka i jeszcze pracuje w Neapolu, gdzie gra jej narzeczony. Są parą od czterech lat. Laura studiowała analitykę medyczną w Polsce, ale gdy się patrzy na jej zdjęcia, widzi się już, że najważniejsze jest dla niej chwalenie się luksusowym życiem i podkreślaniem niemal na każdym kroku, że Piotr jest zajęty. Jeszcze nie wiemy, jakie nosi torebki, ale mamy pewne przeczucia co do marek, a przede wszystkim półki cenowej[5].

No i niech sobie mają te przeczucia. Bo na półkach tych dziennikarzy mieszka wyłącznie zawiść.

A jednak ostatniego dnia pobytu w Dubaju wydarzyło się coś, co znowu zachwiało światem Amelii i spowodowało, że cały pobyt nie wydawał jej się już taki atrakcyjny jak na początku. Tego wieczoru mieli spotkać się z Esme oraz Diegiem w Zumie, najpopularniejszej i jednej z najlepszych restauracji w Dubaju, modnej zwłaszcza wśród pracowników światowej finansjery. Zuma znajdowała się na liście pięćdziesięciu najlepszych knajp świata według San Pellegrino, a to już o czymś świadczyło.

Zuma zachywcała głównie tym, że oferowała różne przestrzenie, idealne na każdą możliwą okazję. Znajdowało się tu sporo prywatnych jadalni, będących świetnymi miejscami na organizowanie czy to spotkań firmowych, czy tych bardziej towarzyskich, jak to miało miejsce w ich wypadku. W menu dominowała nowoczesna kuchnia japońska i było najlepsze sushi, jakie Amelia jadła kiedykolwiek w swoim życiu. Tyle że bardzo szybko straciła apetyt, a wszystko na widok Esme, która zjawiła się w restauracji bardzo spóźniona, w ogromnych okularach zasłaniających niemal pół twarzy.

– Czy coś się stało? – spytała Amelia, odsuwając talerzyk z przekąską zaserwowaną na czas oczekiwania przez szefa kuchni. Z niepokojem patrzyła na kobietę, która chyba po raz pierwszy w czasie tego pobytu się nie uśmiechała, tylko wyglądała na wyjątkowo spiętą.

Esme pokręciła przecząco głową i machnęła ręką. Diego natomiast zmierzył Amelię ponurym wzrokiem i zaproponował, żeby od razu przeszli do zamówienia, a nie zajmowali się bzdetami.

– Poplotkujecie innym razem – burknął mało przyjemnie.

Amelia zerknęła niepewnie na Grzegorza, ale on albo udawał, że nie wie, o co chodzi, albo faktycznie był pochłonięty studiowaniem karty z daniami.

Czekając na kelnera, rozmawiali tak naprawdę o wszystkim i o niczym, ale Amelia przez cały czas czuła, że musi coś z tym zrobić. Wysłała więc Esme esemesa z pytaniem, czy nie mogłyby się spotkać na moment w toalecie i przez chwilę pogadać. Kobieta niemal niezauważalnie skinęła głową.

– Przeproszę was na chwilę chłopaki, ale muszę zniknąć w wiadomym celu – uśmiechnęła się Amelia i odsunęła krzesło.

Odczekała chwilę w innej sali i po paru minutach z ulgą stwierdziła, że Esme do niej dołączyła. Weszły razem do toalety, a wtedy Amelia dotknęła ramienia dziewczyny.

– Czy coś się stało? Tylko nie mów mi, że to nie moja sprawa albo że wszystko jest w porządku, bo doskonale widzę, że nie.

Esme zdjęła okulary i Amelia aż krzyknęła. Na twarzy dziewczyny było widać bardzo wyraźny siniak, a nawet coś w rodzaju rozcięcia.

– Boże! Kto to zrobił?

Esme wzruszyła ramionami.

– Czasami tak po prostu jest. Ludzie mają różne charaktery i nie zawsze potrafią spokojnie się dogadać.

– Kurwa, Esme, ale to w żaden sposób nie usprawiedliwia uderzenia kogoś. Diego ci to zrobił, prawda?

Dziewczyna tylko cicho westchnęła.

– Pokłóciliśmy się, a potem zaczęłam niepotrzebnie krzyczeć. Dobrze, że Carmen była z opiekunką na spacerze i nas nie słyszała. Bez sensu to wszystko wyszło.

– Esme, nie próbuj go tłumaczyć! To się nie zdarzyło po raz pierwszy, prawda?

Kobieta nie odpowiedziała. Podeszła do lustra i dokładnie obejrzała swoją twarz. A potem wyjęła z torebki podkład i zaczęła go delikatnie wklepywać w miejsce pod okiem.

– Nawet jeśli to zatuszujesz, to i tak będzie bolało, wiesz o tym – cicho odezwała się Amelia.

Esme spojrzała na nią bez uśmiechu.

– Nie będę cię przekonywać, że to był wypadek, bo to nieprawda. Diego faktycznie się zamachnął i zrobił to specjalnie, bo go wkurwiłam. Czasem tak bywa, ale nie chcę też, żebyś myślała, że to u nas nagminne. Zdarzyło się może po raz drugi.

Amelia nie chciała wierzyć w to, co usłyszała. Jeżeli zdarzyło się po raz drugi, to istniało bardzo duże prawdopodobieństwo, że stanie się znowu. Esme wydawała jej się twardo stąpającą po ziemi, fajną dziewczyną, która wszystko ma pod kontrolą. Pomagała swojemu facetowi, była matką, żoną, a jednocześnie próbowała rozkręcić własną firmę. Nawet to, co mówiła o swoim życiu i życiu WAGs, wydawało się takie racjonalne, sensowne. I ta sama kobieta

144

zgadzała się na to, żeby jakiś facet podniósł na nią rękę? Żeby ją uderzył tylko dlatego, że z czymś się nie zgadzał? Że się pokłócili? Amelii nie mieściło się to w głowie. Nie potrafiła zrozumieć, jak ktoś mógł przejść nad tym do porządku dziennego.

– Kochana, ty też pogodziłaś się ze zdradą czy też prawie zdradą Grzegorza – Esme zdawała się czytać jej w myślach. – Tak to już czasem jest. Wyważamy za i przeciw. Kładziemy na jednej szali to, co możemy stracić, a na drugiej to, co zyskamy, i często okazuje się, że straty są zbyt duże. Dlatego godzimy się i na zdrady, i na strzał z liścia. Nie będę się nad sobą roztkliwiać i ty też tego nie rób.

Amelia wyszła z łazienki, bo nie mogła tego dłużej słuchać. Wszystko się w niej buntowało, krzyczało, że wcale nie chce tak żyć, że nie godzi się na coś takiego. Z drugiej jednak strony czy Esme nie miała racji? Ostatecznie Amelia również przebaczyła Grzegorzowi i w jakimś sensie zaakceptowała fakt, że nie był jej wierny. Co prawda przez cały czas twierdził, że do niczego nie doszło, ale czy mogła mu tak bezgranicznie wierzyć? A co byłoby w sytuacji, gdyby wtedy ich nie przyłapała?

Czuła się jak żołnierz wracający z pola bitwy i nie potrafiła sobie poradzić z zalewającymi ją emocjami i myślami. Możliwe, że Grzesiek ją zdradził. A jednak została. Tak jak Esme.

Rozdział 15

Czasem nic nie zapowiada tragedii...

Po powrocie z Dubaju niewiele się zmieniło. Co prawda Grzegorz miał trochę wolnego, ale i tak większość czasu spędzał z chłopakami z klubu, przez cały czas zasłaniając się rzekomą „integracją". Amelia chciała nawet być złośliwa i zapytać, czy integruje się również z żonami piłkarzy, ale ostatecznie machnęła ręką.

Obiecała sobie, że odkreśli się od tamtego wydarzenia grubą krechą, co nie znaczy jednak, że nie będzie bardziej ostrożna. W notesie zapisała dokładny plan na kolejny rok. Wróci na studia i zacznie budować własną markę. Ale nie tylko zdjęciami ciuchów i drogich torebek, musi wymyślić coś innego. Lewandowska ma swoje imperium fitness, Marina śpiewa, Celia Jaunat jest modelką, a żona Bereszyńskiego lansuje własną markę odzieżową. Skoro im się udało, to Amelia nie może być przecież gorsza. W Polsce pracowała jako modelka i chociaż być może nie brała udziału w spektakularnych pokazach, to jednak jakoś utrzymywała się na topie. Teraz świat mody trochę o niej zapomniał. Musiałaby zaproponować coś innego, coś świeżego, coś, co zafascynuje kobiety i co pozwoli jej się stać bardziej niezależną.

Dubaj uświadomił jej jedno: siniaki bolą mniej, kiedy zadaje je mąż, od którego jesteś uzależniona.

Dlatego tym bardziej było ważne, aby wziąć życie w swoje ręce i w przyszłości nie mieć do siebie o nic pretensji. Gdyby jej mama wcześniej zdecydowała się wrócić do pracy, nie musiałaby przez tyle lat męczyć się z ojcem Amelii. Ale nie mogła tak po prostu odejść, zwłaszcza że miała małe dziecko. Wytrzymała długo, zaciskając zęby i próbując ocalić resztki godności. Ojciec notorycznie ją zdradzał i chociaż za każdym razem obiecywał, że więcej tego nie zrobi, to słowa nigdy nie dotrzymywał. W końcu mama Amelii powiedziała dość. Spakowała dwie walizki i z czternastoletnią córką po prostu wyjechały do innej miejscowości. Tam mama znalazła pracę jako nauczycielka i jakoś wiązały koniec z końcem. Zawsze jednak powtarzała Amelii, że w życiu najważniejsza jest samodzielność.

– Tylko wtedy będziesz naprawdę wolna. Życie na własnych zasadach to bezcenny skarb.

Tyle że to życie pisze czasem zupełnie inne scenariusze i serwuje tak gwałtowne zwroty akcji, że człowiek nawet nie wie, jak ma zareagować.

To wydarzyło się na krótko przed świętami, które mieli spędzić w Polsce. Amelia cieszyła się, że Grzegorz postanowił zabrać ich do Warszawy i zostać tam przcz prawie tydzień. I jeszcze obiecał jej sylwestra w Paryżu, o czym zawsze marzyła.

Kilka dni przed wyjazdem nic jeszcze nie zapowiadało tragedii. Grzesiek miał kilka spotkań, a ona buszowała po sklepach, szukając podarunków dla przyjaciół z Polski. Karina zażyczyła sobie kilku modnych ciuszków od czołowych hiszpańskich projektantów.

– Wybierz coś dla mnie, zdaję się na twój gust – zaśmiała się przez telefon.

Amelia postawiła więc na Balenciagę i Amayę Arzuagę, od której chabrowy garnitur z całą pewnością spodoba się przyjaciółce.

Wtorkowe przedpołudnie spędziła zatem w mieście, a potem bezskutecznie próbowała się dodzwonić do swojego męża. Telefon Grześka nie odpowiadał, za każdym razem włączała się poczta głosowa. W końcu o godzinie dwudziestej Amelia zadzwoniła do trenera, żeby się dowiedzieć, co się dzieje z jej mężem. Grzegorz nie wspominał, że tego dnia wróci później, tak naprawdę miał się zjawić w domu około czternastej. Ale trener również nie odbierał, więc Amelia zaczęła się coraz bardziej denerwować. Chodziła nerwowo po mieszkaniu i wyobrażała sobie najczarniejsze scenariusze.

– Esme, sorry, że ci zawracam głowę, ale nie mogę się dodzwonić do Grześka – wybrała w końcu numer telefonu żony Diega.

Od powrotu z Dubaju nie miały ze sobą zbyt częstego kontaktu, chociaż to raczej Esme go unikała i odpowiadała lakonicznie na wiadomości od Amelii.

– Spokojnie, nie denerwuj się. Grześkowi nic się nie stało, jeśli tego się obawiasz, po prostu ma małe problemy, ale myślę, że za chwilę wszystkiego się dowiesz. Tyle że nie ode mnie. Ja nie mogę nic powiedzieć – oznajmiła Esme, czym doprowadziła Amelię do jeszcze większego stresu.

– Jezu, ale co się dzieje? – wyszeptała tylko Amelia, przytulając Jasia, który jeszcze nie spał.

– Dowiesz się. Nie wolno mi o niczym mówić – dodała Esme i rozłączyła się.

Amelia poczuła, że robi jej się słabo. Co chwilę sprawdzała telefon i wyglądała przez okno, czekając na jakiekolwiek wiadomości. W końcu o godzinie dwudziestej pierwszej usłyszała dźwięk przekręcanego w zamku klucza.

– Na miłość boską, Grzesiek, co się dzieje? Próbowałam się do ciebie dodzwonić, do twojego trenera również... – urwała nagle, widząc swojego męża z bladą twarzą, a także trenera i jeszcze jednego mężczyznę, którego nigdy wcześniej nie poznała.

– Amelia, to jest Fernando Garcia, prawnik, który będzie się zajmował moją sprawą – powiedział Grzesiek, nie tłumacząc jednak, o co chodzi.

Sięgnął tylko po karafkę i drżącą ręką nalał wody do szklanki.

– Sprawą? Jaką sprawą? – Amelia podbiegła do niego i chwyciła go za ramię.

– Słuchaj, od razu mówię ci, że jestem niewinny, że niczego nie zrobiłem. Pamiętasz, jak dwa dni temu byłem w klubie Paradise, ja, paru chłopaków z klubu i kilku zaprzyjaźnionych kibiców? Nic takiego. Zupełnie normalna impreza. Trochę wypiłem, ale nie na tyle, żeby stracić przytomność, przecież możesz to potwierdzić.

Amelia automatycznie skinęła głową.

– Ale o co chodzi? – spytała, ledwo otwierając usta.

– Kurwa, to jest jakaś paranoja, ale obiecuję ci, że wszystko się wyjaśni. Jakieś dwie laski oskarżyły mnie i jeszcze jednego kumpla o molestowanie.

Rzekomo zwabiliśmy je do męskiego kibla i, kurwa, no wiesz sama.

– Nie – odpowiedziała tylko. – Powiedz wszystko.

– Podobno zmusiliśmy do seksu oralnego, tak przynajmniej twierdzą. Laski złożyły dzisiaj zeznanie na policji, no i się zaczęło. Ale spoko, mam najlepszego prawnika, więc na pewno wszystko się wyjaśni, po prostu chwilowo zrobiło się gorąco.

Amelia zamknęła oczy. Z jednej strony bardzo chciała wierzyć Grześkowi, przecież wiedziała, że to nie jest typ mężczyzny, który mógłby kogoś do czegokolwiek zmusić. Nie był agresywny, nie potrafił taki być. Ale co, jeśli naprawdę działał pod wpływem alkoholu? Jeśli sam nie do końca pamięta, co się tam wydarzyło.

– Są świadkowie? – spytała cicho.

Grzesiek skinął głową.

– Tak, podobno mają kogoś, kto twierdzi, że widział, jak wchodzą do kibla, a potem wybiegają z niego z płaczem. Ale to wszystko jest zmyślone. I nie ma w tym choćby grama prawdy. Dobrze wiesz, że łatwo jest wpakować ludzi w bagno, zwłaszcza jeżeli chce się na tym wygrać trochę kasy. Spokojnie, wszystko się wyjaśni, ale chyba nie będziemy mogli polecieć do Polski na święta.

Amelia spojrzała pytająco na trenera.

Facet wyglądał na w miarę opanowanego, co trochę ją uspokoiło.

– Będzie dobrze. To nie pierwsza taka akcja z piłkarzami w roli głównej. Zresztą nie tylko z nimi. Wielu sportowców musi się mierzyć z podobnymi oskarżeniami, przy czym część z nich jest po prostu wyssana z palca. Dla wielu kobiet to możliwość szybkiego zarobku i zrobienia szumu wokół siebie. Chociaż oczywiście czasem mają rację. Ale nie w tym przypadku. Znam Grześka i dobrze wiem, że czegoś takiego by nie zrobił.

– A kto tam z tobą był? – zwróciła się do męża Amelia.

– Diego – odpowiedział Grzegorz.

Zamknęła oczy. Na moment straciła całą pewność siebie. Skoro Diego był w stanie uderzyć Esme, to być może mógł również zmusić kogoś do seksu? Jeżeli ktokolwiek udowodni, że facet ma problemy z agresją, to będzie w dupie. I pociągnie za sobą Grześka. Zupełnie nie wiedziała, co robić, jak zareagować, jak się zachować. Chciała jakoś wesprzeć Grzegorza, ale czuła wewnętrzną pustkę. Chciałaby zasnąć i obudzić się w nowym, lepszym świecie.

– Amelia, ale ty mi wierzysz, prawda? – Grzesiek podszedł do niej i ujął w dłonie jej twarz.

Natychmiast przytaknęła i przytuliła się do niego. Nie, nie może myśleć, że jej mąż mógłby zrobić coś takiego. Nawet jeżeli Diego byłby do tego zdolny, to jeszcze wcale nie świadczy o winie Grzegorza. Poza tym może faktycznie te dziewczyny wszystko sobie wymyśliły, licząc na niezłe odszkodowanie. Ona jednak musi być teraz silna, żeby móc wspierać swojego męża. Prawdopodobnie to całe gówno nie skończy się na oskarżeniach, tylko sprawa wyląduje w sądzie, a to oznacza, że Grzegorz będzie na jakiś czas zawieszony i nie będzie mógł grać. To z kolei doprowadzi do kolejnego stresu i z całą pewnością oddali jej plany usamodzielnienia się. Ale nie to było teraz najważniejsze. Teraz należało walczyć o rodzinę i nie dopuścić do tego, żeby ktoś jednym głupim oskarżeniem ją zniszczył.

Rozdział 16

Ludzie i tak wszystko wiedzą lepiej

Fakt24.pl dotarł do kolejnej kobiety, która oskarża Jarosława Bieniuka o napaść seksualną. Podała ona drastyczne szczegóły z dnia, w którym miała paść ofiarą byłego piłkarza. Kobieta chce pozostać anonimowa, bo, jak twierdzi, boi się zemsty ze strony Bieniuka i jego otoczenia. Podczas trwania imprezy kobieta znalazła się w jednej toalecie z Jarosławem Bieniukiem, który miał być wówczas pod wpływem narkotyków. – W pewnym momencie wciągnął kreskę i wtedy jakby w niego diabeł wstąpił. Złapał mnie za włosy, zaczął ściągać spodnie i wyjmować swoje przyrodzenie[6].

Kolejna zła wiadomość z obozu Paris Saint-Germain. Francuska prokuratura poinformowała, że Marokańczyk Achraf Hakimi, jeden z bohaterów mundialu w Katarze, został oskarżony o gwałt. Zawodnik zaprzecza, że dopuścił się przestępstwa, a jego obrońcy utrzymują, że to próba „wymuszenia haraczu"[7].

Proces dwóch piłkarzy, w tym Santiego Miny, napastnika Celty Vigo, oskarżonych o gwałt zakończył się w piątek. Sąd pierwszej instancji uniewinnił zawodników[8].

Amelia od kilku dni nie robiła nic innego poza wyszukiwaniem artykułów dotyczących spraw rzekomego molestowania i gwałtów przez piłkarzy. Czytała je od deski do deski, za każdym razem pocieszając się, że większość tych zarzutów okazała się bezpodstawna, a dobrzy prawnicy z łatwością je obalili.

Fernando Garcia też był dobrej myśli i przez cały czas uspokajał Amelię, tłumacząc, że takie skandale w tym świecie bywają na porządku dziennym.

– Musi pani pamiętać, że piłkarz to trochę postać ze świecznika, a do takich najłatwiej się dobrać. Wystarczą bezpodstawne zarzuty, coś, co jest tak naprawdę wyssane z palca, a media już mają pożywkę. To przykre, bo nawet jeżeli udowodnimy niewinność pani męża, to i tak w jakimś sensie smród pozostanie. Przynajmniej na jakiś czas. Ale tym zajmiemy się później i wystąpimy o wysokie odszkodowanie. Najważniejsze, żeby pani trzymała stronę Grzegorza i tym samym dawała świadectwo lojalności. Bo przecież mu pani ufa, prawda?

Amelia szybko przytaknęła. Wiele mogła zarzucić Grzegorzowi podczas tych ostatnich kilku miesięcy w Hiszpanii, ale z pewnością nie coś takiego.

Tu była mowa o przestępstwie, byciu nieobliczalnym, a Grzegorz, nawet jeżeli miał wady, to jednak nie potrafiłby być aż tak agresywny i brutalny. Trochę zgrzytało jej, że w całą aferę zamieszany jest również Diego, dlatego postanowiła spotkać się z Esme. Bez względu na to, jak ostatnio wyglądały ich kontakty, teraz musiały porozmawiać.

Nie umówiły się jednak w miejscu publicznym, za bardzo obawiały się obecności dziennikarzy czy paparazzich, którzy tylko czekali na tego typu okazje. Ta afera już wyciekła do mediów, w których pojawiły się pierwsze artykuły, tylko niepotrzebnie mieszające ludziom w głowach. Amelia zadzwoniła do Esme i zapowiedziała się na następny dzień.

– Wpadnę rano. Myślę, że powinnyśmy pogadać, pod warunkiem jednak że będziemy w stosunku do siebie szczere.

Esme wyglądała zupełnie inaczej niż w Dubaju. Ubrana w wygnieciony dres, nieumalowana, z niedbale spiętymi włosami.

– Kompletnie nie mam teraz głowy do tego, żeby przejmować się swoim wyglądem – odpowiedziała tylko, pochwyciwszy spojrzenie Amelii. – Wiem, wyglądam jak straszydło, ale wierz mi, w tej chwili mam coś ważniejszego do zrobienia.

– Ufasz mu? – spytała spokojnie Amelia.

Esme przygryzła wargę.

– Wiem, co myślisz, i wiem, jak to może wyglądać z zewnątrz. Diego potrafi być agresywny, chociaż najczęściej jest to u niego po prostu impuls. Tak jak wtedy, kiedy się zamachnął, bo był na mnie wściekły. Ale nie wyobrażam sobie, żeby mógł kogoś podstępnie zwabić, a następnie zmusić do seksu. Bez względu na to, jak bardzo potrafi być czasem niemiły, nie zrobiłby czegoś takiego. Jestem absolutnie pewna. Oczywiście powiedziałam to wszystko prawnikowi i powtórzę raz jeszcze przed sądem. Jestem przekonana, że te laski próbują naszych mężów w coś wrobić.

Amelia bardzo chciała w to wierzyć. Nigdy nie przypuszczała, że będzie musiała się zmagać z czymś podobnym. Najgorsze zaś było to, że sama nie mogła o niczym napisać ani na bieżąco informować swoich fanów, bo w tej sprawie toczyło się śledztwo i należało zachować wszelką ostrożność. Tutaj każde źle wypowiedziane słowo mogło zostać inaczej odebrane i świadczyć na niekorzyść Grześka.

Od kilku dni dostawała całe mnóstwo pytań od swoich obserwujących, głównie kobiet, które chciały się dowiedzieć, o co chodzi i czy to prawda, ale Garcia wyraźnie zabronił jej odpisywać. Doradził jej również, aby w dalszym ciągu wrzucała normalne posty, tak jakby nic się nie stało. Wytłumaczył jej, że w tej sytuacji nie wolno chować głowy w piasek i zniknąć, ale nie można też dać się wciągnąć w jakiekolwiek dyskusje, bo to zawsze obraca się przeciwko oskarżonemu.

– Diego przysiągł mi na wszystkie świętości, że jest niewinny, i ja mu wierzę – powiedziała teraz Esme.

Amelia podeszła do niej i mocno ją przytuliła. Ona również wierzyła Grześkowi, mimo iż czasem gdzieś z tyłu głowy pojawiały się minimalne wątpliwości. Odpychała jednak od siebie takie myśli, a nawet się ich wstydziła. Musiała być silna.

– Co robimy? – spytała teraz Esme.

Amelia ciężko westchnęła.

– To co zawsze. Żyjemy normalnie. Robimy zakupy, gotujemy, chodzimy do fryzjera, zresztą w moim przypadku to naprawdę konieczne, i udajemy, że wszystko jest w porządku. Myślę, że naszym głównym zadaniem jest teraz stanie ramię w ramię z naszymi facetami i pokazanie całemu światu, że nie wątpimy w nich nawet przez moment. Nie będzie łatwo, ale wierzę, że wszystko dobrze się skończy. Pamiętaj też, żeby nie dać się nikomu sprowokować i nie wdawać się w niepotrzebne dyskusje. Ludzie i tak wszystko wiedzą lepiej.

Grzegorz przez pierwsze dni był cichy, snuł się bez celu po mieszkaniu, odpowiadał zdawkowo na pytania, czasem pobawił się z Jasiem. Ale po jakimś czasie Amelia wyczuła w nim narastającą irytację. Stawał się coraz bardziej nerwowy, a każde pytanie traktował jak zaczepkę.

– Amelia, daj mi spokój. Nie mam pojęcia, kiedy wrócę na boisko. To chyba normalne, że chwilowo nie mogę grać, prawda? Trener mi ufa, ale takie są zasady. Jak się sprawa wyjaśni, wrócę do gry. Tylko nie pytaj, na miłość boską, kiedy, bo sam chciałbym to wiedzieć – odpowiadał często opryskliwym tonem.

Bolało ją to, ale próbowała go zrozumieć. To była naprawdę trudna sytuacja dla nich wszystkich. Chciała mu jakoś pomóc, wesprzeć go w tych ciężkich dniach, ale to również nie było łatwe. Grzegorz zamykał się w sobie, a ostatnio przyłapała go na tym, jak wypił w jeden wieczór dwie butelki wina, a potem zasnął na kanapie.

– Nie tędy droga – próbowała mu tłumaczyć, ale tylko jeszcze bardziej się zdenerwował.

– Daj spokój! Chyba mogę napić się wina, zwłaszcza wtedy, kiedy nie trenuję! Kurwa, jestem oskarżony o gwałt, o coś, czego nie zrobiłem! Naprawdę mam być spokojny? To może jeszcze zaparzysz mi melisę?

Amelia chciała mu odpowiedzieć, że również nie jest winna tej całej sytuacji i że nie musi się na niej wyżywać, ale po raz kolejny odpuściła. Wiedziała, że powinna zacisnąć zęby i przeczekać. Sytuacja w końcu się wyjaśni i znowu będą mogli normalnie żyć.

Dwa dni przed świętami zadzwoniła do mamy i wyrzuciła z siebie wszystkie smutki.

– Wiem, kochanie, czytam polską prasę i tutaj również pojawiają się informacje na ten temat. Trzymaj się, córeczko, jestem z tobą.

– Mamo, a może byś przyleciała do mnie po świętach? Wiem, że to Boże Narodzenie miało nieco inaczej wyglądać, ale naprawdę nikt się nie spodziewał takiego obrotu spraw.. A może udałoby ci się wyrwać już na Wigilię?

Pani Dorota cicho westchnęła.

– Nie, słońce, mam tu już wszystko zaplanowane z rodziną i głupio byłoby teraz wszystko odwołać. Ale masz rację, znajdź mi najbliższy samolot zaraz po świętach, a ja wsiądę i przylecę do ciebie. Wiem, że jesteś teraz bardzo zestresowana, a Jaś potrzebuje spokoju. Jest mały, niewiele z tego rozumie, ale z całą pewnością wyczuwa napięcie w domu.

Kiedy Amelia wspomniała Grzegorzowi, że mama przyleci do nich po świętach, tylko wzruszył ramionami.

– Nie wiem, czy jest mi tu potrzebna jeszcze jedna osoba. Nie chciałbym, żeby twoja matka się wtrącała.

Amelia się zaczerwieniła.

– Moja mama przyjedzie tu po to, żeby nam pomóc, a nie żeby ci wbijać szpilki. Doskonale wie, jak ta sytuacja wygląda, i zdaje sobie sprawę, jak bardzo się nią stresujemy. Nie musisz jej atakować.

Grzegorz burknął coś pod nosem, a potem kopnął stojące krzesło.

– Dobra, nie powiedziałem, że ma nie przyjeżdżać, tylko że nie do końca wiem, czy to moja bajka. Ale OK. Ale ty ją odbierzesz z lotniska. Nie mam najmniejszej ochoty wychodzić z domu.

To też mogła zrozumieć. Od kilku dni pod oknami ich apartamentu co chwilę pojawiali się jacyś dziennikarze z aparatami w ręku. Doszło do tego, że kiedy Amelia wychodziła z domu, zakładała duży kapelusz i okulary przeciwsłoneczne, a nawet rozważała kupno peruki. Denerwowało ją, że obcy ludzie wtykali nos w nie swoje sprawy, chociaż tak naprawdę nikt jeszcze niczego nie potwierdził. Zanim sprawa trafi do sądu, miało dojść do spotkania z prawnikami obu dziewczyn, które zostało zapowiedziane na dwudziestego ósmego grudnia.

– Ale mówi pan o ugodzie? – spytała Amelia Garcię, który przyjechał do nich do domu, aby przekazać nowe informacje.

Prawnik pokręcił przecząco głową.

– Do ugody mogłoby dojść w sytuacji, gdyby pani mąż wraz ze swoim przyjacielem faktycznie zawinili. A tutaj mamy do czynienia z tak zwanym oszczerstwem. Chcę uzmysłowić prawnikom obu kobiet, że jeżeli udowodnimy im kłamstwo, to będą miały znacznie większe problemy. Dlatego byłoby dla nich lepiej, gdyby po prostu wycofały oskarżenie i oznajmiły opinii publicznej, że było to zwykłe nieporozumienie. Nie ma mowy o żadnej ugodzie, bo do niczego nie doszło, proszę o tym pamiętać.

Amelię pocieszał fakt, że Garcia jest tak bardzo pewny siebie i przekonany o niewinności jej męża. Chciałaby tylko, żeby to wszystko już się skończyło, żeby mogli przywitać nowy rok w o wiele bardziej pozytywnych nastrojach i wreszcie odetchnąć z ulgą. Niesamowite, jak szybko cudowny sen o Hiszpanii przemienił się w koszmar, o którym pragnęła jak najszybciej zapomnieć. Na razie jednak wrzucała na Instagram zdjęcia z przygotowań do świąt i próbowała blokować wszelkie komentarze, które atakowały jej męża.

Tak zresztą doradziła jej Karina, która jako jedna z pierwszych dowiedziała się o ich kłopotach.

– Cała ta sytuacja jest cholernie niepotrzebna, no ale czasem człowiek wpada w ruchome piaski, których wcześniej nie widział. Musisz być ponad to. Nie wdawaj się w dyskusje, nie komentuj, nie odpowiadaj, nie próbuj walczyć z krytyką. Ignoruj negatywne komentarze, a jeżeli możesz, to usuwaj agresywnych obserwujących albo ich blokuj. Zachowuj się tak, jakby ta sytuacja nie była dla ciebie tematem do rozmów, bowiem jesteś w stu procentach przekonana, że Grzesiek jest niewinny. Możesz wydać oświadczenie, oczywiście jeżeli prawnik na to pozwoli, że nie wierzysz w wersję tych panienek i że już niedługo prawda ujrzy światło dzienne. Na tym koniec. A potem pokazuj choinkę, bombki, jakieś dekoracje świąteczne i inne bzdury, którymi teraz wszyscy żyją. I pamiętaj, że o skandalach ludzie zapomną, oczywiście pod warunkiem że szybko dostaną coś w zamian. Tak to już jest, że człowiek karmi się życiem innych, zwłaszcza jeżeli w ten sposób może docenić własny święty spokój. Nic jednak nie trwa wiecznie, nawet najbardziej brudny proces. Przypomnij sobie chociażby Amber i Johnny'ego Deppa. Czy ktoś jeszcze dzisiaj o tym wspomina? No właśnie. I tak samo będzie z wami.

Amelia bardzo chciała w to wierzyć.

Rozdział 17

Dlaczego ludzie zawsze próbują
zniszczyć cudze szczęście?

To nie były święta, o jakich marzyła. Pierwsza Wigilia Jasia powinna być pełna radości i śmiechu i chociaż wszyscy starali się robić dobrą minę do złej gry, to jakoś słabo im wychodziło. Amelia próbowała wiele dań przyrządzić sama, zwłaszcza rodzinne potrawy, żeby chociaż trochę przybliżyć ducha polskiego Bożego Narodzenia. Zamówiła nawet produkty z Polski, a potem spędzała długie godziny w kuchni. To pozwalało jej odciągnąć myśli od całej tej sytuacji, a jednocześnie czymś się zająć.

Kilka razy odwiedziła ją Esme, z którą znowu nawiązały bliższe kontakty. Nie wracały do tego, co było w Dubaju, ale jednak trzymały się razem. Pomagało im to, że mogły się przed sobą wyżalić, czasem popłakać, a czasem po prostu pójść na zakupy i na chwilę oderwać się od ponurej rzeczywistości.

– Serio ta czerwona woda z buraków to jest zupa? – pytała zafascynowana Esme, z zaciekawieniem obserwując, jak Amelia przygotowuje barszcz. – A co tam wkładasz do środka?

– Uszka z grzybami – odparła Amelia i od razu wyjaśniła: – Tak je nazywamy w Polsce.

– Jakie uszka? Zwierzęce?

Amelia roześmiała się.

– Nie, to takie maleńkie pierożki, które kształtem przypominają uszka. Czasami faszerujemy je mięsem, czasami serem, ale na Wigilię zazwyczaj tylko grzybami. To nasza tradycja.

– U nas nie ma postu – odpowiedziała Esme. – Na Wigilię zazwyczaj jemy różnego rodzaju pieczenie albo kilka rodzajów mięs, w tym oczywiście *jamón ibérico*. A czasami homary albo krewetki.

– To dla nas byłoby zbyt egzotyczne – uśmiechnęła się Amelia. – Ale kupiłam *turrón*, ten wasz pyszny nugat z miodem, orzechami laskowymi i migdałami, bo muszę przyznać, że ogromnie mi smakuje. Więc oprócz mojego sernika i makowca to również będzie u nas na deser.

Popołudniami Amelia skupiała się głównie na tym, żeby przygotowywać ciekawe wpisy, piękne zdjęcia, a następnie wszystko wrzucać na Instagram. Pytania o to, co dzieje się z Grzegorzem i jak posuwa się sprawa o molestowanie, nadal padały, ale zgodnie z zaleceniami Kariny Amelia wszystko ignorowała. Kiedy komentarze stawały się zbyt nachalne, agresywne, a nawet chamskie, po prostu blokowała ich autorów. Korciło ją, żeby komuś coś odpisać, ale wiedziała, że to może tylko pogorszyć sytuację. Zamiast tego skupiała się na zdjęciach dekoracji świątecznych, pięknej choinki, a także przystrojonej świątecznie Sewilli. Zamieściła też wymowny komentarz, że w trakcie świąt w Hiszpanii jeden z dni jest nazywany Dniem Świętych Niewiniątek, co odpowiada polskiemu prima aprilis. W tym czasie wszyscy robią sobie żarty, a media często podają nieprawdziwe informacje. Radziła zatem zachować czujność i zdrowy rozsądek i nie wierzyć we wszystko, co pisze prasa.

Myślmy samodzielnie – poradziła swoim fanom.

Cieszyła się, kiedy jej obserwatorzy zadawali prozaiczne pytania, dotyczące chociażby wystroju domu czy tego, co założyć na Wigilię. Może to było banalne, ale w tej chwili bardzo tego potrzebowała. Zdecydowanie wolała odpowiadać na pytanie, czy założy sukienkę czy spodnie, niż gryźć palce do krwi dlatego, że ktoś znowu zaatakował jej męża.

Zauważyłyście, że światowi projektanci stawiają w tym roku na elegancję? U Louisa Vuittona pojawiają się

drapowania, subtelny połysk atłasu, złote tafty i nasy-
cone barwy. Kolorystyka kolekcji bazuje na kontraście
między naturalnymi, zgaszonymi barwami i inten-
sywnymi kolorami, takimi jak turkus, granat, fiolet,
czerwień oraz zieleń. Viktor&Rolf proponuje atłaso-
wy garnitur z szarą bluzką z trzema kołnierzykami,
Alberta Ferretti delikatną burgundową sukienkę,
a Carolina Herrera atłasową białą bluzkę z dużym
kołnierzem, do której idealnie pasuje prosta, popiela-
ta spódnica w prążki, przewiązana w pasie wiśniową
wstążeczką. W takim zestawie sama wyglądasz jak
gwiazdkowy upominek...

Grzegorz starał się w tym wszystkim zachować spokój, chociaż Amelia widziała, że przychodzi mu to
z wielkim trudem. Mało sypiał, często budził się
koło czwartej, piątej rano i tylko przewracał z boku
na bok. Trener poradził mu, żeby się odciął od internetu, ale Grzesiek i tak co jakiś czas sprawdzał, co
o nim napisano.

– Zostaw. Ludzie uwielbiają takie dramy. A później będzie im po prostu głupio – Amelia próbowała
go jakoś uspokoić.

Wigilię spędzili w milczeniu, słuchając polskich kolęd sączących się z musicboksu. I tylko Jaś
przez cały czas się uśmiechał i próbował gaworzyć,
co sprawiało, że Amelii topniało serce. Tak bardzo

chciałaby cieszyć się tym wszystkim, co miała! Spokojnie spać, wstawać bez ściśniętego serca, nie bać się wyjść z domu. Dlaczego ktoś próbował zniszczyć ich szczęście?

W dniu, w którym mecenas Garcia miał się spotkać z prawnikami obu kobiet i porozmawiać o wycofaniu zarzutów, Amelia nie umiała znaleźć sobie miejsca. Najważniejsze jednak, że mamie udało się przylecieć do Hiszpanii i że przez cały czas zajmowała się Jasiem.

– Zostanę tak długo, jak potrzebujesz, ale muszę cię o coś zapytać – powiedziała cicho Dorota, unikając wzroku córki.

Amelia od razu się domyśliła, jakie pytanie zaraz padnie.

– Mamo, wiem, o co chodzi, dlatego od razu ci odpowiadam. Jestem w stu procentach pewna, że Grzegorz niczego nie zrobił. Wierz mi, ja też zadawałam sobie to pytanie, ale o wiele ważniejsze jest to, co czuję. A ja po prostu wiem, że Grzegorz nie mógłby zrobić czegoś takiego. To jest albo jakieś kolosalne nieporozumienie, albo próba wyłudzenia pieniędzy, przy czym prawnik Grzegorza i Diega sugeruje bardziej to drugie.

– Chory świat – pokręciła z niedowierzaniem głową Dorota. – I po co to ludziom? Czasami odnoszę wrażenie, że chociaż z pieniędzmi żyje się łatwiej, to jednak stwarzają one o wiele więcej problemów.

Amelia nie odpowiedziała. Sama się czasem zastanawiała, czy to, że jej marzenia się spełniły, i to nawet z nawiązką, było bardziej nagrodą czy karą? Jest takie powiedzenie, że jeżeli Bóg chce komuś zrobić na złość, to wysłuchuje jego próśb. Tylko czy jest coś złego w tym, że człowiek pragnie po prostu być szczęśliwy? Że nie chce się martwić, czy starczy mu do pierwszego i czy może się wybrać na wakacje? Grzegorz dużo pracował i uczciwie zarabiał. Stawki dobrych piłkarzy były gigantyczne, i to od zawsze. Można się z tym spierać, ale świat już tak jest urządzony, że pieniądze zawsze kumulowały się tam, gdzie największy popyt. A piłkarze i ich życie sprzedawali się na pniu.

Piłka nożna jest przecież jednym z najbardziej lubianych sportów, a miliony ludzi nie tylko oglądają, lecz także obstawiają mecze piłkarskie każdego tygodnia. Można by spytać, dlaczego. Co takiego jest w tym sporcie, że jest aż tak atrakcyjny? Amelia wyczytała kiedyś, że miłość do piłki nożnej ma wiele wspólnego z potrzebą więzi społecznych. Ludzie naturalnie lubią być częścią grupy, a oglądanie gry swojej ulubionej drużyny zapewnia im poczucie przynależności i wspólnoty. Pozwala to otwarcie wyrażać emocje, bowiem kibicowanie swojej drużynie jest genialnym aktem zbiorowej radości lub smutku – w zależności od wyniku meczu. Co więcej, jest coś głęboko satysfakcjonującego w oglądaniu porządku wyłaniającego się z chaosu – co często zdarza się podczas meczu piłki nożnej – gdy każdy gracz dąży do osiągnięcia swoich indywidualnych celów, jednocześnie wszyscy pracują razem, jako spójna jednostka, na rzecz zwycięstwa. A zarobki? Skoro ten sport budzi aż takie emocje, to dlaczego nie powinno się za to płacić?

Ludzie widzą tylko jedno – forsę, drogie samochody, roleksy i wakacje w Dubaju. Ale nikt nie zgłębia tego bardziej, bo i po co? Amelia również nie wiedziała, jak naprawdę wygląda ten świat, dopóki nie stała się jego częścią. Zawiść, hejt, oskarżenia, wylewanie pomyj. Na dodatek ona musiała być w tym wszystkim jak skała – zawsze uśmiechnięta, pogodna, z dobrą miną do złej gry.

– Grzesiek, może obejrzymy coś w telewizji? Czas nam szybciej zleci – zaproponowała mężowi, który od rana kręcił się po apartamencie, nie mogąc usiedzieć w miejscu.

– Nie dam rady. Nie mogę się na niczym skupić. A jeśli te laski będą się upierać przy swoich zarzutach? Cholera, nie wyobrażam sobie procesu – ścisnął głowę dłońmi.

Amelia podeszła i spróbowała go objąć, ale natychmiast się wyrwał.

– Zostaw. Wiem, że chcesz dobrze, ale mnie to nie pomaga.

Westchnęła. Sama nie mogła się doczekać, aż Garcia w końcu do nich zadzwoni i przekaże informacje. Oby dobre.

Mecenas zjawił się u nich godzinę później razem z trenerem. Przyszedł też Diego, ale cała trójka miała ponure miny.

– Spokojnie, ogarniemy to – odezwał się Garcia.

– Kurwa, nie zgodziły się na oddalenie zarzutów... – bardziej stwierdził, niż zapytał Grzegorz.

– Zdaje się, że to bardzo sprytne sztuki i nieźle sobie pogrywają. Zaproponowały ugodę – po pół miliona dla każdej, a wtedy będą milczeć.

Grzesiek wybuchnął śmiechem.

– To jakiś żart?

– Nieważne, i tak nie możemy im zapłacić, bo to byłoby jak przyznanie się do winy. Twardo obstajemy przy swoim: do niczego nie doszło, a panienki szukają szybkiego zarobku – odpowiedział prawnik.

– I co teraz? – spytała Amelia cichym tonem.

Jej serce waliło jak oszalałe. Miała cichą nadzieję, że wszystko się dziś wyjaśni, ale najwyraźniej czarne dni były dopiero przed nimi.

– Czekamy. Prawnicy obu kobiet wyznaczyli nam kolejny termin rozmów, a to oznacza, że wcale im nie jest tak spieszno do sądu. Wolą wyciągnąć kasę pod stołem, a potem zamieść temat pod dywan. Odczekamy kilka dni, po czym oznajmię im, że nie zgadzamy się na dalsze negocjacje. Bo też nie ma czego negocjować.

– Ale wtedy ruszy proces – odezwał się ponuro Grzesiek.

– Zobaczymy. Może zmiękną, kiedy dotrze do nich, że spotkamy się w sali sądowej. Tam już nie da się tak łatwo kłamać.

Amelia westchnęła i spuściła głowę.

Mecenas Garcia przez chwilę badawczo jej się przyglądał, a potem powiedział:

– Proszę się aż tak bardzo nie martwić. Proszę na to spojrzeć jak na grę w piłkę nożną. Musimy przechytrzyć przeciwników, będąc jednocześnie przygotowani na niedozwolone uderzenia i agresywne faule. Czasem potrzeba brutalnej siły, żeby odnieść sukces. Ale nam się to uda, bo prawda jest po naszej stronie.

Rozdział 18

Czasem jedynym wyjściem jest odcięcie się od toksycznych osób

Nie było Paryża, nie było sylwestra marzeń i nie było wieży Eiffla. Ani tym bardziej szalonych zakupów w najlepszych paryskich butikach. Amelia z żalem podglądała swoje koleżanki, które przełom roku spędzały w najbardziej luksusowych miejscach na Ziemi. Malediwy, Seszele, Mauritius i oczywiście Dubaj. Prywatne samoloty, kreacje od najlepszych projektantów i bajkowe wejście w nowy rok. Ona musiała się zadowolić tym, że przynajmniej przed drzwiami ich kamienicy nie stał tłum dziennikarzy czyhających na strzelenie fotki piłkarzowi „oskarżonemu o gwałt". Najwyraźniej oni też świętowali.

– Kurwa, niech to się wreszcie skończy – Grzegorz coraz częściej wychodził z siebie i dawał upust złości. Prawie w ogóle nie sypiał, za to wypijał potworne ilości napojów energetycznych.

Amelia miała wrażenie, że jest na jakimś emocjonalnym haju i zaczyna tracić kontrolę. Próbowała z nim na ten temat rozmawiać, ale zwykle kończyło się to kłótnią.

Pocieszenie znajdowała jedynie w zabawach z małym i w obecności mamy, która z coraz większym niepokojem przyglądała się jej małżeństwu.

– Amelia, nie chcę być złym prorokiem, ale nie tak się rozwiązuje problemy – zaczęła kiedyś, ale córka nie chciała się wdawać w takie dyskusje.

– Mamo, przypominam ci, że nie odeszłaś od ojca, chociaż notorycznie cię zdradzał. Więc nie jesteś dla mnie najlepszym przykładem. Ja próbuję ratować nasze małżeństwo mimo kryzysu, a w tym nie ma chyba niczego złego! – niemal krzyknęła.

Dorota pokiwała głową.

– Masz rację w obu tych sprawach. Z doświadczenia powiem ci tylko, że czasem nie można w nieskończoność walić głową w mur. Bo ściana nie runie, a ty będziesz cała w siniakach.

Amelia zdawała sobie z tego sprawę, a jednak przez cały czas wierzyła, że kiedy tylko ta cholerna sprawa dobiegnie końca, ich życie również się unormuje. To była kwestia czasu, cierpliwości i pokory wobec tego, co przynosił im los. Kiedy jednak w pierwszym tygodniu stycznia w ich apartamencie pojawił się Garcia z informacją, że jednak odbędzie się proces, Amelia poczuła się tak, jakby ziemia usunęła jej się spod nóg.

Grzegorz tylko zaklął, a potem rzucił puszką z jakimś napojem o ścianę.

– To jeszcze nie koniec świata – zaczął mecenas, ale Amelia nie chciała go słuchać.

– Muszę się przewietrzyć – powiedziała cichym głosem do matki, a potem chwyciła płaszcz i, tak jak stała, wyszła z domu.

Chciało jej się krzyczeć, ale wiedziała, że musi zacisnąć zęby i po raz kolejny robić dobrą minę do złej gry. Mecenas od początku twierdził, że do procesu nie dojdzie, bowiem oszustki z całą pewnością nie będą chciały, aby ta sprawa znalazła swój finał w sądzie, a jednak się mylił. Co gorsza, sam wyglądał na zdumionego takim obrotem sprawy, a to nie wróżyło niczego dobrego. Pojawiło się zatem pytanie, czy poszkodowane faktycznie miały jakiegoś haka na Grzegorza i Diega, czy tylko profesjonalnie spreparowane kłamstwa i dlatego niczego się nie bały. Amelia dalej pragnęła wierzyć mężowi, ale przez jej głowę przelatywały tysiące pytań i myśli, które nie chciały odpuścić i powodowały, że sama już nie miała pojęcia, czego się trzymać.

Kiedy przechodziła koło Patio de Banderas, urokliwego placu z drzewami pomarańczy, z daleka zobaczyła znajomą sylwetkę. W pierwszym odruchu chciała uciec, bowiem nie miała najmniejszej ochoty na spotkanie z Megan, ale coś w ruchach kobiety ją zaniepokoiło. Amelia zauważyła, jak Hiszpanka wolnym krokiem ruszyła w kierunku Calle Aqua, i sama nie wiedząc czemu, poszła za nią. Chwilę później akcja potoczyła się tak szybko, że Amelia początkowo nie wiedziała, jak zareagować. Megan nagle oparła się o ścianę, a potem osunęła na ziemię. Było widać, że jest śmiertelnie przerażona.

– Co ci jest? – Amelia podbiegła do niej i przyłożyła dłoń do jej czoła. – Jesteś rozpalona, źle się czujesz?

Megan spojrzała na nią szeroko otwartymi oczami.

– Zawieziesz mnie do szpitala? – wyszeptała tylko.

– Oczywiście, czekaj, już dzwonię po taksówkę.

– Pospiesz się – Megan patrzyła na nią błagalnym wzrokiem.

Amelia doszła do wniosku, że najszybszym rozwiązaniem będzie wezwanie karetki i zostanie przy kobiecie tak długo, aż zjawi się lekarz.

– Co się dzieje? Boli cię coś, przynieść ci wody? – zaczęła gorączkowo szukać butelki w swojej torebce.

– Jestem w ciąży – wyszeptała Megan. – Ale dzieje się coś złego. Czuję to.

Amelia ostrożnie położyła kobietę na ziemi, podkładając jej pod głowę swój płaszcz, a potem kazała wolno oddychać.

– Musisz się uspokoić, zaraz przyjedzie karetka i zabiorą cię do szpitala. Postaraj się nie denerwować, najlepiej zamknij oczy i wyobraź sobie, że jesteś w jakimś fajnym miejscu. To czasami pomaga, zwłaszcza w sytuacjach kryzysowych. Najważniejsze, żebyś się nie stresowała i nie wyobrażała sobie nie wiadomo czego. Wszystko będzie dobrze, obiecuję ci.

Przemawiała do niej niemal bez przerwy, nawet nie zastanawiając się nad tym, co mówi. Najważniejsze jednak, że Megan faktycznie się wyciszyła i tylko przez cały czas trzymała kurczowo dłoń Amelii, wpatrując się w nią z dużym napięciem. Po dziesięciu minutach wreszcie przyjechała karetka, a Amelia łamanym hiszpańskim wyjaśniła, że koleżanka jest w początkowej ciąży.

– Zabieram ją do Materno-Infantil Quirónsalud – oznajmił lekarz.

– Mogę jechać z wami? – spytała, ale on tylko przecząco pokręcił głową.

– Nie zostawiaj mnie – zawołała nagle Megan.

– Spokojnie, wezmę taksówkę i pojadę za wami. Zawiadomię też Manuela – Amelia sama nie wiedziała, jak to się dzieje, że udawało jej się tak racjonalnie działać. Może po prostu potrzebowała jakiejś odskoczni? Musiała się zająć czymś innym niż tylko roztrząsaniem tego, co się stanie z Grzegorzem i ich wspólnym życiem. Ten proces mocno ich poturbuje, ale chwilowo przestała o nim myśleć i skupiła się na Megan.

Gdyby ktoś jej powiedział, że to wydarzenie spowoduje, iż nagle cała sytuacja odmieni się o sto osiemdziesiąt stopni, pewnie by nie uwierzyła. Zresztą w tamtym momencie nie zastanawiała się nad niczym, chciała przede wszystkim pomóc znajomej, która przez moment nie była już seksbombą uwodzącą cudzych mężów, ale przerażoną kobietą, która boi się o własne dziecko. Kiedy Amelia dojechała do szpitala, Megan była już pod profesjonalną opieką.

– Może pani wejść do pacjentki – pielęgniarka uśmiechnęła się na jej widok, zupełnie jakby ją znała. – Pani Gonzales poinformowała nas, że pani jedzie, i poprosiła, żebyśmy panią wpuścili. A tak przy okazji, z dzieckiem wszystko jest w porządku. Dobrze, że pani tam była i tak szybko zareagowała.

Megan leżała w sali numer siedem. Była blada, ale wyglądała na spokojną. Podłączona do specjalistycznej aparatury oddychała cicho i lekko się uśmiechała.

– To początek czwartego miesiąca, dlatego wszystko mogło się wydarzyć. Pojawiło się plamienie i chociaż nie zawsze musi ono oznaczać coś złego, to jednak w moim przypadku natychmiastowa interwencja okazała się konieczna. Mam problemy z tarczycą, stąd te kłopoty. Na razie muszę leżeć, lekarze nie wiedzą, jak długo, możliwe, że do końca ciąży. Ale to nie szkodzi. Bardzo ci dziękuję, że mi pomogłaś. Gdyby nie ty, nie wiem, co byłoby teraz ze mną i z dzieckiem.

Amelia ostrożnie poklepała ją po ręce.

– Będzie dobrze. Najważniejsze, że w porę się tu znalazłaś.

– Tak, dzięki tobie – Megan weszła jej w słowo. Dlatego teraz muszę zrobić coś bardzo ważnego, żeby ci się odwdzięczyć. Nie będziesz chciała potem mnie znać, prawdopodobnie nie będziesz chciała nigdy więcej ze mną rozmawiać, ale i tak to zrobię.

Amelia zamarła. Spojrzała zaniepokojona na Megan, zupełnie nie rozumiejąc, co kobieta ma na myśli.

– Trochę przeraża mnie to, co mówisz – odezwała się po chwili niepewnym głosem.

Megan pociągnęła nosem.

– Daj mi jeszcze trochę czasu. Wszystko ci wyjaśnię, ale na razie muszę zebrać myśli i po kolei zrobić to, co należy. A ty już idź. Powiem ci tylko tyle, że nie musisz się już niczym martwić.

Amelia chciała ją jeszcze o coś zapytać, ale Megan po prostu zamknęła oczy. Dziewczyna wyszła więc ze szpitala, mijając się w drzwiach z zaniepokojonym Manuelem, który nawet jej nie zauważył. Potem pojechała do Antigua Abacería de San Lorenzo, maleńkiej restauracyjki serwującej najlepsze karczochy duszone w białym winie, jakie kiedykolwiek jadła. Potrzebowała czasu tylko dla siebie, zanim wróci do domu i znowu stanie oko w oko z tym, z czym za chwilę będą musieli zmierzyć się w sali sądowej. Nie zauważyła, kiedy minęły kolejne dwie godziny, najchętniej zostałaby tu albo powłóczyła się po mieście, ale nie chciała denerwować mamy i na tak długo zostawiać Jasia.

Jeszcze zanim weszła do mieszkania, usłyszała jakieś krzyki i coś w rodzaju wiwatowania. Zaniepokojona otworzyła drzwi, a wtedy podbiegł do niej Grzegorz, chwycił ją w ramiona i zaczął całować.

– Nie wiem, jak to zrobiłaś, nie wiem, co jej powiedziałaś, ale zadziałało. Dziękuję ci, kochanie.

Amelia kompletnie nie zdawała sobie sprawy, o co chodzi, więc tylko pytająco spojrzała na mecenasa Garcię, który szeroko się do niej uśmiechał. Podobnie zresztą jak trener i Diego z Esme. Swoją drogą, co oni tu robili?

– Megan do wszystkiego się przyznała. Powiedziała, że to ona wynajęła obie dziewczyny, żeby wpakować w kłopoty Grześka i Diega. Powód? Odrzucili jej zaloty, a to mocno ją rozsierdziło. Doszła do wniosku, że da im nauczkę, i prawie jej się udało. Zadzwoniła jednak i powiedziała, że to ty dałaś jej sporo do myślenia. I że dzięki tobie dotarło do niej, że nie podkłada się świni innym ludziom, bo to zawsze obraca się przeciwko nam.

Amelia dotknęła dłońmi rozpalonych policzków.

A więc o tym mówiła Megan. Z jednej strony Amelia była jej wdzięczna, że wszystko się wyjaśniło, z drugiej jednak miała żal, że w ogóle doszło do tej sytuacji. Stres, nieprzespane noce, bezpodstawne oskarżenia, ataki ze strony hejterów, nieprzychylna prasa, odsunięcie chłopaków od grania, i to w imię czego? Urażonej dumy? Megan miała rację: Amelia z całą pewnością nie będzie chciała mieć z nią więcej do czynienia.

Czasem jedynym wyjściem jest odcięcie się od toksycznych osób. Nawet jeśli dotarło do nich, co zrobiły.

– Pojutrze lecimy do Paryża – wyszeptał jej do ucha Grzesiek. – Na trochę spóźnionego sylwestra, ale za to w szampańskich nastrojach!

Rozdział 19

Kiedy jesteś zbyt szczęśliwa, prędzej czy później
coś przywróci cię do pionu

Zima w Paryżu może być zaskakująco romantyczna,
z rześkimi dniami, błękitnym niebem, magicznymi
iluminacjami w nocy, a nawet prószącym śniegiem.
Właściwie każda pora roku w tym mieście jest doskonała, ale Amelii Paryż już zawsze będzie się kojarzył
z zimą. Wreszcie było idealnie. Spacery po Polach
Elizejskich, gorąca czekolada na wzgórzu Montmar-
tre, w otoczeniu artystów i niesamowitych krajobra-
zów, wygłupy na lodowisku na szczycie odnowionej
Grande Arche w La Défense, romantyczna wyciecz-
ka zabytkowym citroënem 2CV z przemiłym szofe-
rem, który pokazał im niemal cały Paryż, opychanie
się makaronikami i zakupy w najdroższej dzielnicy.
Wybrali się też do słynnego Mariage Frères, eksklu-
zywnego salonu herbacianego z ponad sześciuset
rodzajami herbat, które cudownie się komponowały

z podpłomykami z rodzynkami, babeczkami jagodowymi, eklerkami i *mille-feuilles*. Do tego smakołyki inspirowane smakiem herbaty, takie jak *magdalenki* lukrowane earl greyem, ciastka migdałowe z zieloną herbatą matcha i malinami oraz z herbatą Marco Polo. Charakterystyczne czarno-złote pojemniki, ustawione od podłogi do sufitu, od razu zachęciły Amelię do zrobienia odjechanych zdjęć na Instagram i podzielenia się nimi ze swoimi fanami.

O Boże, też tam byłam!
Zazdroszczę, Paryż zimą jest cudowny.
Wyglądasz zachwycająco w tym złotym swetrze!

Żadnych komentarzy o rzekomym gwałcie, żadnych ataków i głupich uwag. Spokój, cisza, paryskie inspiracje. Było jak w bajce, a oni wreszcie znowu mogli się sobą nacieszyć. Mama została w Sewilli z Jasiem. Amelia po raz pierwszy zostawiła małego na kilka dni, ale wyrzuty sumienia szybko jej przeszły. Dotarło do niej, że potrzebowali tego czasu tylko dla siebie, bez rozpraszania się, bez zajmowania dzieckiem, bez codziennych obowiązków.

Zamieszkali w jednym z najpiękniejszych hoteli, w jakich kiedykolwiek była – Four Seasons George V, słynącym z przywiązania do luksusu, stylu i elegancji. Hotel znajdował się w samym sercu eleganckiej ósmej dzielnicy Paryża, kilka kroków od Pól Elizejskich, sklepów *haute couture* przy Avenue Montaigne i wieży Eiffla. Podobno gościli w nim Greta Garbo, Duke Ellington, Beatlesi, Mariah Carey oraz modelki Kendall Jenner i Bella Hadid. Nic dziwnego, że Amelia była zachwycona i z przyjemnością przechadzała się po luksusowych wnętrzach.

Tutaj wszystko było piękne – zarówno nieskazitelnie biała kamienna elewacja w stylu art déco będąca symbolem przywiązania hotelu do wyrafinowanej prostoty, jak i urokliwe wnętrza, gdzie delikatna paleta odcieni beżu, złamanej bieli i bladej szarości była dodatkowo podkreślona bujnymi gobelinami i klasycznymi drewnianymi panelami z regionu Normandii. Do tego oszałamiające wystawy kwiatowe, od których nie można było oderwać oczu. Podobno nowe motywy aranżowano co trzy tygodnie, a odświeżano każdego dnia. Każdego tygodnia dostarcza się tam około dwunastu tysięcy nowych kwiatów. Tym miejscem nie można się nie zachwycić.

– Dzięki, że ze mną byłaś w tym najgorszym czasie – Grzegorz obudził ją długim pocałunkiem, a ona od razu zauważyła, że chowa coś za plecami.

Usiadła w bladoróżowej atłasowej pościeli i zmrużyła oczy.

– Co tam masz?

– Nie wiem, o co ci chodzi – droczył się z nią jak małe dziecko.

– Pokaż! – roześmiała się.

Grzesiek podał jej ciemnogranatowe aksamitne pudełeczko, na widok którego aż podskoczyła.

– Dla mnie?

– Nie, skąd, dla pokojówki. Ale chciałem cię zapytać o zdanie – Grzegorz puścił do niej oko.

– Ach! – westchnęła tylko na widok bransoletki LOVE od Cartiera zrobionej z różowego złota, prawdziwej ikony wśród biżuterii. To cudeńko składa się z dwóch sztywnych łuków, a można je zdjąć tylko za pomocą specjalnego śrubokręcika. Zapięcie jest tak zaprojektowane, iż ma dwie funkcjonalne śrubki umieszczone po obu stronach błyskotki i za każdym razem jest potrzebny ktoś do pomocy.

– To taka metafora – wyjaśnił Grzesiek. – Śrubokręt jest dla mężczyzny, który podarowuje swojej ukochanej bransoletkę, i tylko on może ją otworzyć. To coś w rodzaju klucza do serca.

Amelia poczuła, jak zalewa ją fala szczęścia. Chciało jej się krzyczeć z radości i obwieścić tę radość całemu światu. Nie mogła uwierzyć, że wspólnie pokonali ten kryzys i znowu stali się sobie bliscy. Znowu mogli się w pełni cieszyć życiem i korzystać z niego pełnymi garściami. Te cztery dni w Paryżu były jej potrzebne jak tlen.

Była nawet skłonna wybaczyć Megan, chociaż na wszelki wypadek wolała się od niej trzymać z daleka. Nigdy nie wiadomo, czym długonoga Hiszpanka jeszcze mogłaby ich zaskoczyć i jak bardzo napsuć krwi. Teraz była skupiona głównie na donoszeniu ciąży, ale kto wie, co się stanie za jakiś czas. Lepiej trzymać rękę na pulsie i nie wpuszczać Megan do swojego otoczenia.

Kiedy wrócili do domu, Grzesiek obiecał Amelii, że postara się być lepszym mężem. Że będą częściej razem wychodzić i spędzać ze sobą czas.

– Chyba trochę cię zaniedbałem – szepnął jej do ucha, ale ona tylko pogłaskała go po głowie.

Życie jednak bazuje na równowadze.

Kiedy zbyt długo jadasz tort, z czasem może cię zemdlić, dlatego potrzebujesz jakiejś odmiany. Być może podobnie jest ze szczęściem. Kiedy dostajesz go w nadmiarze, prędzej czy później musi się stać coś, co przywróci cię do pionu.

Po całym tym niefortunnym zamieszaniu związanym z rzekomym gwałtem Amelia postanowiła, że na razie nie będzie wracać do tematu swoich studiów czy kariery, tylko całkowicie skupi się na Grześku. Doszła bowiem do wniosku, że teraz najważniejszy jest on i jego sukcesy, a na nią przyjdzie kolej. Chwilowo miała inne zadania do wykonania. Ostatecznie mówi się, że w życiu każdego piłkarza są dwie drugie połowy – jedna to ta na boisku, a druga to ta życiowa, która czeka w domu, gotuje, dopinguje na trybunach. I która ma decydujący wpływ na samopoczucie oraz formę zawodnika. Tak naprawdę to od niej zależało, czy Grzegorz będzie z przyjemnością wracał do domu czy poszukiwał rozrywek poza nim. Jeżeli uda jej się stworzyć ciepłe, rodzinne i pełne miłości gniazdo, to nie musi się obawiać, że mąż będzie szukał czegoś gdzie indziej. Po długich rozmowach z mamą Amelia doszła do wniosku, że trochę nie docenia własnej roli i traktuje siebie wyłącznie jak dodatek do znanego męża. A przecież to, co robiła, było kluczowe w ich codziennym życiu. To ona zawsze musiała dostosowywać się do wyjazdów, obozów, zgrupowań czy właśnie przeprowadzki. Każdy mężczyzna musi dostać w odpowiednim momencie wsparcie od kobiety, z którą zdecydował się żyć, bo od tego tak naprawdę zależy jego kariera. I to teraz było jej głównym zadaniem. Koniec z jęczeniem.

A jednak na początku marca wydarzyło się coś, co znowu zatrzęsło ich w miarę ogarniętym życiem.

Kontuzje u piłkarzy zdarzają się często i nie są niczym zaskakującym. Wszystko jednak zależy od tego, czy jest to chwilowa niedyspozycja, która nie pozwala grać przez jakiś czas, czy coś poważniejszego. Kiedy do Amelii zadzwonił Grzesiek i łamiącym się głosem oznajmił, że jest w drodze do szpitala, ona znowu poczuła się tak, jakby traciła grunt pod nogami.

– Nie, tylko nie to – wyszeptała do siebie. – Co się stało? – niemal krzyknęła do słuchawki.

– Nie wiem, kurwa, nie wiem. Mam tylko nadzieję, że nie więzadła krzyżowe, bo wtedy będzie po mnie. Dam ci znać, jak będę coś wiedział i jak ustalę, do jakiego szpitala mnie biorą, bo nawet zapomniałem o to zapytać.

Amelia się rozłączyła, a potem usiadła na kanapie i nie mogła się ruszyć. Grzegorz często opowiadał jej, jak liczne kontuzje potrafiły łamać kariery piłkarzy. Taki Michael Owen na przykład. W Liverpoolu i Realu strzelał bramki jak na zawołanie i nic nie mogło go zatrzymać. Ale potem złamał palec u nogi, co kosztowało go trzy miesiące pauzy, i kiedy wszystko wskazywało na to, że może wrócić do gry, nagle zerwał więzadła krzyżowe w prawym kolanie. Dla kogoś takiego jak Owen to był wyrok. Co prawda wrócił jeszcze na boisko do Manchester United, ale był już tylko uzupełnieniem składu. A niemiecki zawodnik Sebastian Deisler? Permanentnie powtarzające się urazy kolana sprawiły, że chłopak zakończył karierę w wieku zaledwie dwudziestu siedmiu lat.

– Dobra, nie będę teraz o tym myśleć, bo popadnę w paranoję – powiedziała na głos Amelia. – Może to nie będzie nic złego, może Grzegorz tylko naderwał albo naciągnął jakiś mięsień. Nie ma sensu martwić się na zapas.

Godzinę później zapadł wyrok.

Uszkodzenie łąkotki, co oznaczało, że Grzegorz będzie musiał przejść operację. Amelia pojechała do szpitala z duszą na ramieniu, a potem ze spuszczoną głową przysłuchiwała się temu, co miał jej do powiedzenia lekarz.

– Od razu uspokajam, że przeprowadzę leczenie operacyjne mało inwazyjne, wykonane techniką artroskopową, żeby doszło do jak najmniejszych obciążeń. W trakcie operacji będę mógł ocenić rodzaj uszkodzenia i podjąć decyzję, co dalej. Albo założymy stabilne szwy umożliwiające zbliżenie się do siebie i przytrzymanie uszkodzonego fragmentu, albo – jeżeli zajdzie taka konieczność – podam szpik kostny z komórkami macierzystymi, co wspomaga gojenie się łąkotki.

– A co dalej? – spytała Amelia.

– Po operacji należy przez dwa tygodnie zostać w domu i pozostawać jak najczęściej w pozycji leżącej, żeby operowaną kończynę unosić ponad poziom klatki piersiowej. Należy też robić zimne okłady co najmniej trzy razy dziennie po dwadzieścia minut.

Możliwe, że będzie konieczna orteza z ograniczonym zakresem ruchów. No ale, jak już tak powiedziałem, to wszystko zależy od tego, co zobaczę podczas operacji. Proszę jednak pamiętać, że okres chodzenia bez obciążania operowanej kończyny waha się od dwóch do nawet ośmiu tygodni po operacji.

Amelia zamknęła oczy.

To oznaczało, że Grzegorz raczej nie ma czego szukać w najbliższym sezonie na boisku. Teraz najważniejsze było wprawdzie jego zdrowie, ale ona martwiła się dodatkowo o jego psychikę. Dopiero co uporali się z jednym problemem, a już pojawił się kolejny. Dla Grześka liczyły się tylko piłka oraz to, żeby sprawdzić się w nowym klubie. Tymczasem już na samym początku miał jakiegoś cholernego pecha, który przekreślał wszystkie te plany. Pocieszała się jednak myślą, że to nie więzadło krzyżowe, że to coś, z czym piłkarze borykają się dość często, a co wcale jednak nie oznacza końca kariery.

To tylko na jakiś czas, powtarzała sobie w myślach, ale na widok miny Grześka straciła cały optymizm.

– Kurwa, nie wierzę w to. Po prostu w to nic wierzę – powiedział jej mąż, a potem zacisnął dłonie w pięści.

Rozdział 20

Pamiętaj, że za chwilę
może się skończyć kasa...

Amelia nakarmiła Jasia, a potem ostrożnie zerknęła na Grzegorza, który siedział w fotelu, jak zwykle z ponurym wyrazem twarzy. Od kilku tygodni w ich domu dominowały napięcie, stres i ogólne zniechęcenie, chociaż ona starała się, jak mogła, żeby temu zaradzić.

– Zrobić ci coś do jedzenia? – spytała cichym głosem.

– Nie. I na herbatę też nie mam ochoty, na wypadek, gdybyś chciała mi ją zaproponować. Ani na kawę. Chociaż kto wic, może porządny drink by mi pomógł – zaśmiał się ironicznie.

– Staram ci się jakoś pomóc. Wiem, że jest ciężko, ale musisz dać szansę zarówno sobie, jak i mnie. Dla nikogo z nas to nie jest łatwa sytuacja.

Grzegorz parsknął.

– Łatwo ci mówić. Nie masz pojęcia, jak to jest być skazanym na siedzenie w domu z kontuzją. Nie grać, nie brać udziału w treningach, siedzieć na ławce rezerwowych i gryźć palce ze złości. Wiesz, na czym polega problem? Mam rozpierdolone nie tylko kolano, lecz także karierę.

Amelia westchnęła.

– Nie pomagasz mi, kiedy wiecznie jesteś wkurzony. Tak, wiem, masz kontuzję, ale to minie.

– A co powinienem twoim zdaniem teraz robić? Patrzeć, jak miksujesz koktajle, smarujesz chlebek konfiturą i bawisz się z małym? No fajne to, ale nic nie poradzę na to, że jestem wściekły.

Amelia nie miała ochoty na kolejną kłótnię, problem jednak polegał na tym, że z Grześkiem nie dało się ostatnio normalnie porozmawiać. Tak jakby szukał zaczepki i atakował ją za każdym razem, kiedy się do niego odezwała.

– Nikt nie mówi, że nie masz prawa być zły. Wiem, że to frustrujące dla ciebie, ale musisz to jakoś przetrwać. To niesprawiedliwe, że zrzucasz całe swoje napięcie na mnie.

Grzegorz poczerwieniał.

– Nie masz pojęcia, jak to jest! Wszystko mi umyka, przecieka przez palce, kariera wisi na włosku, a ty wymagasz ode mnie zrozumienia. Nie jestem pieprzonym Buddą, żeby być spokojny i wyciszony.

Amelia zagryzła usta.

– Ale to nie ja jestem winna całej tej sytuacji! Nie dociera do ciebie, że próbuję jakoś pomóc, ogarnąć wszystko i dać ci wsparcie? Serio, nie widzisz tego?

Grzegorz spuścił głowę. Zdawał sobie sprawę, że często jest niesprawiedliwy, że atakuje najbliższych i nie daje im żadnej taryfy ulgowej, ale nie potrafił inaczej. Życie sportowca jest krótkie. Życie kontuzjowanego sportowca jest równią pochyłą. Każdy o tym wie.

Amelia widziała, że jej mąż bije się z myślami. Ile to już takich rozmów przeprowadzili? Ile razy wałkowali ten temat? A jednak nic się nie zmieniało. Powoli traciła siły.

– Wiem, że to dla ciebie trudne, ale jestem tutaj, by cię wspierać. Może znajdziemy jakieś sposoby na spędzanie czasu razem? Może odkryjemy jakieś nowe pasje?

Grzegorz wybuchnął śmiechem.

– Tak! Genialny pomysł! Zapiszmy się na szydełkowanie! Nie, czekaj, jeszcze lepiej – na wyplatanie koszyków! A ty je będziesz potem sprzedawać na bazarku w Sewilli. Kurwa, Amelia, zejdź na ziemię! Ja chcę odkrywać swoje pasje na boisku, a nie siedząc tutaj bezczynnie i pieprząc o głupotach.

Nie było sensu dłużej ciągnąć tej rozmowy. Grzesiek był nastawiony do każdej jednej rzeczy na nie.

Nie interesowały go jej zdanie, jej chęć pomocy, jej próby rozładowanie atmosfery. Skupił się na swoim bólu, rozwalonym kolanie i przerwie w graniu. Rozumiała to, ale i tak z każdym kolejnym dniem czuła się coraz gorzej.

– No powiedz sama, co mam robić?! Udawać, że wszystko jest w porządku, kiedy nie jest? Nie potrafię! I nawet nie chcę! – Grzegorz pieklił się dalej.

Amelia wstała.

– Nikt nie oczekuje, że będziesz coś udawał, ale możemy spróbować poszukać rozwiązania. Tyle że do tego trzeba dwojga. Przypominam ci, że w tym układzie jest również Jaś, który potrzebuje po prostu miłości. I spokojnego domu.

Grzegorz tylko wzruszył ramionami, więc poszła po małego, wsadziła go do wózka i zaczęła zbierać się do wyjścia.

– Dokąd idziesz? – zaczepił ją mąż.

– Na spacer. Przewietrzyć głowę i trochę ochłonąć.

– No tak. Cierpiąca pani domu – skrzywił się. – Nie zapomnij sobie kupić nowej torebki. To zawsze pomaga w kryzysowych sytuacjach. Pamiętaj tylko, że za chwilę może się skończyć kasa.

Zabolało.

Nigdy go na nic nie naciągała, to on nalegał, żeby do woli korzystała z jego karty i nie ograniczała się z zakupami. To on przynosił jej drogie prezenty, zabierał na luksusowe wakacje i zapraszał do najdroższych restauracji. Lubiła to, owszem, ale nigdy nie domagała się więcej i więcej. Prezenty dla najbliższych i dla Kariny robiła z tego, co udało jej się zaoszczędzić. Grzesiek nie był skąpy i nigdy nie sprawdzał, ile żona wydaje, ale ona i tak starała się nie szastać pieniędzmi na prawo i lewo.

– Wychodzę. Kartę mogę zostawić w domu, jeśli tak bardzo się boisz o wydatki – dodała jeszcze, a potem ze złością zatrzasnęła za sobą drzwi.

Kolejny beznadziejny dzień.

Ile jeszcze takich będzie?

Ruszyła na spacer po uroklwych uliczkach Sewilli, bo tylko to pomagało jej ostatnio oderwać się od codziennych napięć i odrobinę zrelaksować. W tym mieście odkryła, że czasami najprostsze rzeczy mogą być najbardziej romantyczne. Parque María Luisa to jeden z najpiękniejszych parków w Sewilli. Uwielbiała tam przychodzić z synkiem. Szkoda tylko, że tak rzadko towarzyszył im Grzesiek. Mogliby usiąść na trawie, zrobić piknik, spędzić też czas razem, pomilczeć, popatrzeć w niebo. A ile razy prosiła go, żeby wspólnie wybrali się do żydowskiej dzielnicy Santa Cruz, by w jej wąskich uliczkach, wśród ukrytych placów, cudownie zdobionych i delikatnie oświetlonych, posłuchać lokalnego muzyka brzdąkającego na gitarze? Ale Grzegorza takie rzeczy nie interesowały, zwłaszcza teraz, kiedy przez cały czas skupiał się na własnym dramacie.

Gdy Amelia rozmyślała o tym wszystkim, nagle zauważyła Manuela, który właśnie kupował kawę, a następnie ruszył w jej kierunku. Miała nadzieję, że jednak jej nie widział, próbowała nawet skręcić w najbliższą uliczkę, ale wtedy dobiegł ją jego głos.

– Cóż za urocza niespodzianka! Nie sądziłem, że będę miał tego dnia aż takie szczęście – oznajmił tak sarkastycznym tonem, że aż spojrzała na niego zdumiona.

O co mu chodziło?

– Jak się czuje Megan? – spytała tylko, mając nadzieję, że to spotkanie nie potrwa zbyt długo.

Od tamtego pamiętnego wieczoru u nich w domu i po tym wszystkim, co zafundowała im Hiszpanka, Amelia nie miała najmniejszej ochoty na bliższą znajomość z tą parą. Ale nie mogła przecież udawać, że ich nie zna.

– Serio, chcesz wiedzieć? Czy po prostu pytasz, bo tak wypada?

Amelia zmarszczyła czoło. W końcu pomogła jego żonie, gdy ta znalazła się w trudnej sytuacji, więc ten atak był co najmniej nie na miejscu. Ostatecznie to ona z Grzegorzem mogli się czuć dotknięci tym wszystkim, co ich spotkało ze strony Megan.

– Nie rozumiem, skąd ta agresja. Przecież pomogłam Megan, kiedy była w potrzebie. I tak, interesuje mnie, czy z waszym dzieckiem wszystko jest w porządku.

– Owszem, pomogłaś. Ale czy to sprawia, że jesteś lepsza od nas? Myślisz, że powinniśmy ci dziękować do końca życia i wychwalać pod niebiosa? To powiem ci, że początkowo nawet chciałem tak robić. Ale teraz mi przeszło. Pieprzę was. I wiesz co? Mam nadzieję, że Grzesiek nie wróci tak szybko na boisko.

Amelia patrzyła na niego szeroko otwartymi oczami. Czuła się zraniona i coraz bardziej przytłoczona takim życiem. Nie rozumiała, dlaczego Manuel ją atakuje i dlaczego źle życzy jej mężowi.

– *Sorry*, ale chyba nie mam ochoty na dalszą rozmowę. Nie wiem, o co ci chodzi, i nie chcę wiedzieć. Miłego dnia – rzuciła jeszcze i próbowała ominąć go wózkiem.

– Obawiam się, że prędzej czy później znowu się spotkamy. I to nie będą miłe okoliczności, gwarantuję ci.

Amelia, mocno już zaniepokojona, postanowiła nie angażować się dalej w tę dyskusję. Nie chciała ciągnąć tego absurdalnego dialogu, który powodował, że czuła się jeszcze bardziej rozżalona. Czy świat się na nią uwziął?

– Miłego dnia – powtórzyła i stanowczym krokiem ruszyła do przodu.

– Nie pozdrawiaj męża.

Amelia doszła do wniosku, że nawet nie wspomni Grześkowi o tym spotkaniu. Miałby tylko kolejny powód do zdenerwowania. Nadal jednak nie mogła uwierzyć, że Manuel był aż tak nieprzyjemny. Przecież to Megan próbowała ich wykończyć, fundując im niezły emocjonalny rollercoaster. Gdyby chcieli, mogliby wnieść sprawę przeciwko niej o naruszenie dobrego wizerunku, ale postanowili, że odpuszczą. Amelia miała cichą nadzieję, że dzięki temu Grzesiek zdobędzie jeszcze większe uznanie kolegów, a Manuel będzie mu po prostu wdzięczny. Podobnie jak Megan, która sama podkreślała, że dzięki Amelii jej dziecku nic się nie stało.

Skąd zatem ta gwałtowna zmiana frontu?

Sięgnęła po telefon i zadzwoniła do Esme.

– Jestem z małym na spacerze, masz ochotę się spotkać?

– Nie dam rady, mam coś do zrobienia.

– A jutro?

– Oddzwonię – obiecała Esme i się rozłączyła.

Amelii chciało się płakać. Nie miała nikogo, z kim mogłaby spokojnie porozmawiać, kto by ją zrozumiał i wsparł. Nie chciała denerwować mamy, więc pozostawała jej tylko Karina.

– Co jest? Nowe kłopoty w raju?

– Grzesiek nie radzi sobie z kontuzją.

– Nic dziwnego, wypadł z obiegu – spokojnie odpowiedziała Karina.

– Ale to nie powód, żeby wyżywał się na mnie.

– Olej to. Z tego, co mówiłaś, rehabilitacja przebiega dobrze, więc to tylko kwestia czasu.

– Niby tak, chociaż powoli tracę siły.

Karina gwizdnęła.

– Przestań się załamywać w każdej możliwej sytuacji. Cena, jaką się płaci za bycie WAG, jest czasem wysoka, ale nadal opłacalna. Pamiętaj o tym. Grzesiek wróci do gry i wszystko się uspokoi. To tylko przejściowe kłopoty. Nikt nie mówił, że będzie łatwo.

Amelia nie wiedziała, co na to odpowiedzieć. Z jednej strony przyjaciółka miała rację, z drugiej – oczekiwała od niej większego wsparcia. Czy naprawdę nikt nie rozumiał, że ona również w tym wszystkim nieźle obrywała po dupie? Miała się uśmiechać tylko dlatego, że ktoś narzucił jej taką rolę? Wiecznie zadowolonej, ślicznej lalki, która nie ma uczuć?

Kiedy wróciła do domu, Grzegorz rzucił jej baczne spojrzenie.

– Długo cię nie było.

– Jaś ładnie spał, więc wykorzystałam okazję i spacerowałam.

– Myślałem, że byłaś w siłowni.

– Nie, dlaczego? – zdziwiła się.

– Przydałoby ci się...

Amelia poczuła, jak piekące łzy napływają jej do oczu.

Rozdział 21

Z przegranymi nikt nie chce się zadawać

Kiedy człowiek wpada w pętlę złości, czasem nie potrafi sam się z niej wydostać. Złe emocje namnażają się, a frustracja zaczyna dominować w każdym aspekcie życia. Grzegorz czuł się coraz bardziej rozgoryczony tą całą sytuacją, która uniemożliwiała mu normalną aktywność. Siedzenie w domu przez większość czasu doprowadzało go do szaleństwa, a napięcie w relacji z Amelią narastało. Co więcej, stawał się coraz bardziej zazdrosny o swoją żonę. O jej wyjścia, spacery, nawet o spotkania z Esme.

Amelia nadal jednak starała się wspierać go najlepiej, jak potrafiła. Mimo że opiekowała się dzieckiem i prowadziła dom, dorzuciła sobie do tego jeszcze inne zadania. Regularnie zaczęła chodzić do siłowni, aby zadbać o ciało. W końcu Grzesiek jej to zasugerował. Była za gruba? Za mało umięśniona? Nie miała kaloryfera jak inne WAGs, prężące ponętne ciała na instagramowych zdjęciach? Proszę bardzo.

Jednak dla Grześka częstsze wyjścia Amelii stawały się coraz bardziej problematyczne. Drażniła go tym, że zostawiała go samego w domu, który opuszczał tylko na czas rehabilitacji, a sama ma więcej swobody i możliwości. Początkowo próbował trzymać emocje pod kontrolą, ale w końcu wybuchnął.

– Znowu wychodzisz? Nie możesz spędzić tego czasu ze mną? Myślałem, że jesteśmy rodziną!

Amelia zatrzymała się w pół drogi i spojrzała na niego ze zdumieniem.

– To cudownie, że sobie o tym przypomniałeś. Ale tak się składa, że muszę poświęcić parę godzin, żeby zadbać o siebie. Czy to czasem nie był twój pomysł?

Grzegorz prychnął.

– A może zamiast chodzić do siłowni, powinnaś się skupić na tym, żeby schudnąć? Nie przypominasz już tamtej dziewczyny, którą poznałem w Warszawie.

Nie wiedziała, jak na to zareagować. Obrazić się? Napluć mu w twarz? To, co mówił, stawało się coraz bardziej wredne, zupełnie jakby w ogóle się nie liczył z jej uczuciami.

– Dobrze, przerzucę się na liść sałaty dziennie. Zadowolony?

Kopnął stojące przed nim krzesło.

– Nie widzisz, jak ja się czuję? Wszystko, co mi pozostaje, to siedzenie w tym cholernym domu i patrzenie, jak bawisz się na zewnątrz. Czuję się jak jakiś pieprzony więzień!

– Możemy wychodzić razem. Lekarz nie zabronił ci ruchu. Ale ty skupiasz się wyłącznie na rehabilitacji i basenie. I to jest OK, ale chyba możemy też robić coś wspólnie? I znowu być szczęśliwi.

– Szczęśliwi? Niby jak, skoro ty robisz, co chcesz, a ja jestem kaleką?!

Amelia chwyciła się za głowę.

– Grzegorz, nie nakręcaj się. Wiem, jak się czujesz, ale, na miłość boską, to nie koniec świata. Lekarz powiedział, że za tydzień–dwa możesz wrócić na boisko. Poza tym zdecyduj się, czego chcesz – mam o siebie dbać, bo przestałam być dla ciebie atrakcyjna, czy siedzieć z tobą w domu i jęczeć?

– Spadaj – syknął Grzegorz.

Amelia nigdy nie podejrzewałaby samej siebie o taką siłę psychiczną. Mimo wszystko nadal próbowała normalnie funkcjonować z wiecznie niezadowolonym i zazdrosnym mężem. Pomimo wysiłków atmosfera w domu stawała się jednak coraz bardziej toksyczna. Grzesiek nie był sobą, tylko agresywnym i złośliwym partnerem, który bez przerwy ją krytykował. Co gorsza, wypominał jej, że odsuwają się od nich znajomi, zupełnie jakby temu też była winna.

Prawda była jednak bardziej prozaiczna. Kiedy kończyły się pieniądze i sława, znikali również „przyjaciele". Ludzie lubią ogrzewać się w blasku innych, widząc w tym szansę dla siebie. Z przegranymi nie ma sensu się zadawać. Prawdopodobnie Grzesiek też zdawał sobie z tego sprawę, stąd brała się jego frustracja. A złość wyładowywał na żonie.

– Amelia, czy ty w ogóle myślisz o kimś innym niż tylko ty sama?

– Serio tak uważasz? Nie widzisz, że staram się złapać równowagę między dbaniem o siebie i dom a byciem tu dla ciebie? Próbuję utrzymać nasze małżeństwo i ratować rodzinę, która po prostu się rozpada.

– Może z mojego powodu?

Nie chciała mu przytaknąć, choć powinna. Jej matka miała rację. Czasem człowiek napotyka taki mur, którego nie jest w stanie ani obejść, ani przeskoczyć. Czuła się coraz bardziej bezsilna w obliczu złości, którą generowało każde wypowiedziane przez niego zdanie. Sama już nie wiedziała, czy to ona jest winna. Przecież wcale nie chciała tak wiele. Spokoju, miłości, tego, żeby ktoś po prostu ją przytulił i pogłaskał po głowie. Ale walka o to wydawała się jednostronna. On atakował, ona się broniła. Nie było tu miejsca na dialog, na jakieś porozumienie.

Kiedy jej zarzucił, że jest egoistką, która myśli tylko o sobie, rozpłakała się.

– No jasne. To umiesz najlepiej. Kiedy babom kończą się argumenty, zawsze mogą użyć łez, prawda?

Amelia spojrzała na niego ze smutkiem.

– Naprawdę tak myślisz? Czy nasze małżeństwo w ogóle coś dla ciebie znaczy? Przepraszam, że nie spełniam twoich oczekiwań, chociaż robię naprawdę wszystko.

Spuściła głowę, czuła się zraniona i bezsilna. Próbowała zrozumieć, jak doszło do tego, że ich związek stał się areną nieustannych kłótni i pretensji. Czy przegapiła jakiś moment? Czy nie reagowała tak, jak powinna? A może faktycznie była zbyt mało cierpliwa.

– Nadal cię kocham. Chciałabym, żebyś widział, jak bardzo zależy mi na nas i jak bardzo staram się znaleźć wyjście z tej całej sytuacji. Ale nie ułatwiasz mi tego.

Nie odezwał się więcej, tylko odwrócił wzrok. Ich małżeństwo znalazło się na rozdrożu, a pytanie, czy uda im się przezwyciężyć te trudności, wciąż pozostawało bez odpowiedzi. On najwyraźniej sobie odpuścił, a ona miała coraz mniej sił, żeby walczyć.

Minęły kolejne trzy tygodnie, podczas których Grzegorz na rehabilitacji dawał z siebie wszystko, a nawet więcej.

Nie kłócił się z Amelią, nie robił jej wymówek, tylko zacisnął zęby i motywował ciało do pracy. W końcu otrzymał wiadomość, na którą tak długo czekał. Po wielu tygodniach wyrzeczeń i wysiłku lekarze dali mu zielone światło dla treningów. Mimo że nie był jeszcze gotowy na pełny udział w meczach, trener też postanowił dać mu szansę powrotu na boisko.

– To jak? Wypuścić cię na murawę? Czy wolisz grzać ławkę?

– Serio? Mogę? Zagram w najbliższym meczu?

Trener się roześmiał.

– Spokojnie, nie tak od razu. Do pełnej formy wraca się stopniowo, a nie rzuca od razu na głęboką wodę. Doskonale cię rozumiem, ale w nadchodzącym spotkaniu dam ci szansę zagrać, powiedzmy, przez pół godziny. To będzie ważny krok w twoim powrocie na boisko.

– Cholera, dziękuję! To jak gwiazdka z nieba. Obiecuję, że wykorzystam tę szansę i dalej będę zasuwał, żeby być w pełnej formie.

Grzesiek dość szybko wrócił do intensywnych treningów, oczywiście pod okiem trenera i wspierany przez swoich kolegów z drużyny. Stopniowo odzyskiwał pewność siebie i siłę w nogach i wreszcie mógł oddychać pełną piersią.

Kiedy wszedł na boisko, miał wrażenie, że cały stadion trzyma za niego kciuki. Chwilę później stał na murawie gotowy do akcji. Każde dotknięcie piłki, każdy bieg sprawiały, że czuł się, jakby odzyskiwał swoją prawdziwą naturę. Podczas gry wrócił jego zmysł piłkarski, a energia i radość, które go rozsadzały, były nie do opisania. Na pewien czas zapomniał o złości, zazdrości, gniewie i obrażaniu się na cały świat. Znowu był sobą. Znowu przejmował kontrolę nad swoim życiem.

Chociaż grał tylko przez pół godziny, dał z siebie wszystko. Dotarło do niego, że zamiast zamykać się w negatywnych emocjach, powinien się skupić na tym, co kocha najbardziej i co daje mu szczęście. I to właśnie tu, na boisku, w grze, mógł znaleźć ukojenie i odreagować swoje frustracje. A Amelia stała na trybunach i dzielnie mu kibicowała mimo że ciągle jeszcze czuła się zraniona.

Czekała na „przepraszam", na „wybacz mi" i „jesteś całym moim światem".

Na próżno.

Rozdział 22

Każde małżeństwo ma swoje tajemnice

W pewne wtorkowe popołudnie, kiedy wracała z siłowni (Grzesiek na szczęście przestał robić awantury, a ona się zawzięła, żeby mu udowodnić, że wróci do formy), natknęła się na Esme.

– Nie odzywasz się – powiedziała Amelia trochę z wyrzutem, trochę ze smutkiem.

Kiedy Grzesiek i Diego byli oskarżeni, przyjaciółka częściej spędzała z nią czas i zawsze miała ochotę, by porozmawiać. To im dawało siłę i poczucie, że nie są same.

Dlaczego teraz to się zmieniło?

– *Sorry*, ale mam ostatnio urwanie głowy. Carmen poszła do przedszkola, ale nie najlepiej to znosi, więc muszę ją odbierać czasem już po dwóch godzinach. Próbuję też dalej rozwijać firmę, bo przez tę aferę chłopaków miałam chwilowy zastój. Sama wiesz, jak jest, w końcu też jesteś mamą – próbowała się usprawiedliwić.

Amelia starała się ją zrozumieć, ale jednak było jej przykro.

– Mogłabyś chociaż od czasu do czasu zadzwonić.

– Tak, *sorry*. Postaram się poprawić – zerknęła nerwowo na zegarek.

– Spieszysz się? Przecież Diego jest na treningu – zdziwiła się Amelia.

Esme odrobinę się speszyła.

– Tak, ale obiecałam mu, że wyjdę tylko po zakupy.

Amelia nie wiedziała, co na to powiedzieć. Czyżby Esme musiała się tłumaczyć z każdego wyjścia? Ale po co, skoro jej męża i tak nie było w domu?

– Co jest?

Esme machnęła ręką.

– Nic, serio, po prostu Diego czasem wpada niezapowiedziany i jemy razem obiad.

To z daleka pachniało kłamstwem i Amelia doskonale to wyczuła. Najwyraźniej Esme znowu miała jakieś kłopoty małżeńskie, z których jednak nie chciała się zwierzać. Kiedy piłkarze mieli trening, nie wracali do domu na obiad.

– Pamiętaj, że zawsze możesz do mnie zadzwonić. Albo wpaść. Jak chcesz, to powiem Diego, że cię zaprosiłam i nie chciałam słyszeć o odmowie.

Esme przygryzła wargę.

– No dobra, ale obiecaj, że to zrobisz. Że mnie zaprosiłaś na przykład na czwartek na dwunastą. Tylko ktoś musiałby to potwierdzić.

– Po co? – zdumiała się Amelia.

Esme zaczerwieniła się.

– Diego bywa zazdrosny, co oczywiście czasem bywa miłe, ale czasem trochę męczące.

Amelia się nie odezwała. Grzegorz również miewał takie ataki, ale na szczęście mu przeszło. Pamiętała jednak, że jego złośliwe uwagi, pretensje, iż ciągle gdzieś wychodzi, wcale nie były miłe. Czuła się jak na cenzurowanym, chociaż nie robiła niczego złego. U Esme wyglądało to jeszcze gorzej. Dziewczyna wydawała się wystraszona, że robi coś, o czym jej mąż nie wie. Trochę zakrawało to na paranoję, ale Amelia nie chciała się znowu mieszać w nie swoje sprawy. Bo zawsze źle na tym wychodziła.

Postanowiła jednak ułatwić Esme to spotkanie, dlatego zadzwoniła do Diega z pytaniem, czy jego żona nie mogłaby jej odwiedzić w najbliższy czwartek.

– A po co? – spytał od razu mężczyzna.

Amelia chciała mu powiedzieć, że to dość głupie pytanie, ale w porę ugryzła się w język.

– Dawno się nie widziałyśmy, a chętnie poplotkowałabym z nią o różnych rzeczach. Może wybierzemy się też na jakieś babskie zakupy, a potem do restauracji. Albo zamówimy coś do domu – wtrąciła szybko, na wypadek gdyby Diego z jakiegoś powodu ten pomysł się nie spodobał.

Swoją drogą dziwne było proszenie męża o zezwolenie na wyjście żony, ale Amelia postanowiła, że nie będzie wnikać w małżeńskie układy swoich znajomych. W końcu nie każdy musi żyć tak samo, a najgorszą rzeczą jest wtrącanie się i udzielanie rad, o które nikt nie prosi.

Diego początkowo próbował oponować, twierdząc, że Esme jest wykończona zajmowaniem się małą, ale Amelia szybko weszła mu w słowo.

– Ale przecież może mnie odwiedzić razem z Carmen. Ja też niechętnie zostawiam Jasia samego, dlatego doskonale to rozumiem. W razie czego weźmiemy dzieci ze sobą na spacer.

Diego w końcu łaskawie oznajmił, że nie widzi żadnych przeszkód i że prosiłby tylko, aby Esme najpóźniej o dwudziestej wróciła do domu.

– To pora kładzenia Carmen, a nie chciałbym zaburzać małej rytmu dnia.

Amelia przewróciła oczami. Dobrze, że tego nie widział.

Esme faktycznie zjawiła się ze swoją córeczką w czwartkowe popołudnie. Przyniosły ciasto z owocami i sorbet z mango.

– Dziękuję, że zadzwoniłaś do Diega. Dzięki temu nie musiałam się tłumaczyć i miałam znacznie ułatwione zadanie.

Mimo że Amelia postanowiła nie wtrącać się w nie swoje sprawy, nie mogła jakoś o to nie zapytać:

– Nie bardzo rozumiem, dlaczego musisz pytać o pozwolenie na wyjście. Jesteś niewolnicą? Kimś, komu nie wolno samodzielnie podejmować decyzji?

Esme się zaczerwieniła.

– To nie tak, jak myślisz. Po prostu Diego tyle czasu spędza na treningach, że kiedy wraca do domu, wolałby, abyśmy z Carmen też tam były. W przeciwnym razie przez cały czas byśmy się mijali. Sama wiesz, jak to jest.

Amelia przytaknęła.

– Ale jest coś jeszcze, prawda? – spytała po chwili.

Esme zawahała się przez moment.

– Tak, chociaż nie wiem, czy powinnam o tym wspominać. Chodzi o to, że Diego wyrastał w domu, w którym matka zdradziła jego ojca, i to z jakimś ich wspólnym dobrym znajomym. Ojciec się załamał, podobno próbował nawet popełnić samobójstwo, na szczęście do tragedii nie doszło. Ale od tamtego czasu Diego ma jakiś uraz, zresztą do dzisiaj nie rozmawia ze swoją matką. Możliwe, że ta trauma spowodowała, iż podobnie ocenia wszystkie kobiety, w tym nawet mnie. Chociaż ja przecież nigdy bym go nie zdradziła. Zwłaszcza że znam tę jego historię.

Amelia pokiwała głową.

Z jednej strony rozumiała Diega, z drugiej chyba nie potrafiłaby tak żyć. Ciągle na cenzurowanym, ciągle ze świadomością, że najbliższa osoba podejrzewa ją o coś złego.

– Esme, czy ty myślisz, że twój mąż cię śledzi. Nawet jeżeli próbuję go zrozumieć, to chyba czegoś takiego bym nie zniosła.

Kobieta tylko machnęła ręką.

– Wydaje mi się, że coś jest na rzeczy, bo ostatnio, kiedy wyszłam do fryzjera, nie wspomniałam mu o tym, po prostu mnie nie było. Do wizyty jednak nie doszło, bowiem Max nagle się rozchorował. Nie chciało mi się wracać do domu, powłóczyłam się więc trochę po mieście. Lecz kiedy tylko przekroczyłam próg domu, Diego zapytał, jak było w salonie Maksa, a potem dodał złośliwie, że albo mój fryzjer mnie naciąga, albo byłam gdzieś indziej, skoro po mojej głowie niczego nie widać. Oczywiście wytłumaczyłam mu, że termin został odwołany, tyle że ja nie sprawdziłam wcześniej wiadomości, stąd to nieporozumienie. No i zaczął mnie wypytywać, dokąd poszłam i gdzie byłam, a ja niepotrzebnie skłamałam, że weszłam na chwilę do galerii obejrzeć ciuszki dla małej. Natychmiast go sparaliżowało i zaczął mi grozić palcem, twierdząc, że jestem kłamczuchą.

Amelia zmarszczyła czoło.

– A tak faktycznie było?

Esme pokroiła ciasto i nałożyła im obu po kawałku. Carmen też z uśmiechem podsunęła swój talerzyk.

– Nie, szczerze mówiąc, zamiast tego wybrałam się na masaż kobido, bo miałam ochotę trochę się zrelaksować. Nie wiem, dlaczego nie wspomniałam o tym Diego, po prostu wydawało mi się, że będzie lepiej, jeśli powiem o zakupach, no ale to był błąd. Bo Diego doskonale wiedział, że w tym czasie byłam gdzieś indziej. Stąd moje podejrzenie, że być może mam zainstalowanego tak zwanego szpiega w komórce. No bo skąd by to wszystko wiedział? Chyba że kogoś zatrudnił. Sam raczej nie byłby w stanie mnie śledzić, bo wtedy musiałby zrezygnować z treningów, a to nie wchodzi w grę. Co prawda nie zauważyłam niczego podejrzanego, ale możliwe, że niezbyt dokładnie przyglądałam się innym ludziom. Zresztą nie mówmy o tym – próbowała się uśmiechnąć. – Każde małżeństwo ma swoje tajemnice, każdy człowiek trochę grzechów na sumieniu. Nie zawsze wszystko układa się tak, jakbyśmy sobie tego życzyli. W naszym małżeństwie ogólnie jest dobrze, po prostu Diego czasami miewa odpały. To wszystko. A jak u ciebie? – Esme włożyła kawałek ciasta do ust i spojrzała pytająco na Amelię.

Dziewczyna westchnęła.

– Od czasu, kiedy Grzesiek wrócił na boisko, sytuacja trochę się unormowała, chociaż z całą pewnością jest daleka od ideału. Ale wcześniej było naprawdę słabo. Przez cały czas się na mnie wyżywał, że nie może grać, że jest kontuzjowany, poszkodowany, a ja nie potrafię tego zrozumieć. Sam sobie we wszystkim przeczył. Kiedyś mi powiedział, że powinnam zabrać się za siebie i korzystać częściej z siłowni, bo trochę się zapuściłam, a kiedy zaczęłam to robić, to – podobnie jak twój mąż – miewał ataki zazdrości. Co chwilę wypytywał mnie, dlaczego wychodzę z domu i czy muszę spędzać tyle czasu w centrum fitness. Zrobiło się z tego jakieś błędne koło, a ja nie wiedziałam, jak z tego wybrnąć. Na szczęście lekarze dali mu zielone światło i od tego czasu wszystko w miarę wróciło do normy.

– W miarę? – podchwyciła Esme.

Amelia podparła dłońmi głowę.

– Sama nie wiem, jak to określić. Oczywiście zdaję sobie sprawę z tego, że nie zawsze w związku jest tak samo. Że bywają gorsze i lepsze dni i że jedne i drugie są po coś. Wiem również, że nigdy nie będzie tak jak na początku, kiedy dopiero się w sobie zakochaliśmy i wszystko w drugiej osobie wydawało nam się cudowne. Problem polega jednak na tym, że ja czuję się coraz bardziej nieswojo. Nie mam niczego własnego, chciałam zacząć studia, ale to chwilowo niemożliwe, mam dużo obowiązków z małym i z prowadzeniem domu, a Grzesiek chyba tego nie docenia. Nie chciałabym się żalić. Ale czasami czuję się tak, jakby przez cały czas był ze mnie niezadowolony. I nie wiem, jak to ogarnąć – zamknęła oczy.

Przez chwilę siedziały w milczeniu, przyglądając się małej Carmen, która bawiła się przyniesionymi lalkami i dyskutowała z nimi o przyjęciu, które niedługo miało się odbyć w wielkim pałacu. Jaś tymczasem smacznie spał, więc faktycznie miały czas dla siebie i mogły swobodnie porozmawiać.

– Nie jest łatwo być WAG, prawda? – stwierdziła dość smutno Esme.

Amelia przytaknęła.

Wbrew temu, co mówiła Karina i jakie cudowne wizje przed nią roztaczała, rzeczywistość wyglądała zupełnie inaczej. Na jednej szali leżało wszystko to, o czym większość ludzi marzy, zwłaszcza spokój i zabezpieczenie finansowe, na drugiej jednak – niepewność, nieprzespane noce, strach, że nie jest się doskonałym i że nie można sprostać oczekiwaniom najbliższej osoby. Chyba nie tak powinno to wyglądać. Co prawda przyjaciółka ostrzegała ją, że nie zawsze będzie idealnie, ale i tak uważała, że bilans zysków i strat przechyla się na stronę tych pierwszych. Czy rzeczywiście tak było?

– Co powiesz na małe zakupy? – zaproponowała nagle Amelia. – Podobno od wczoraj w sklepach pojawiła się najnowsza kolekcja Diora, a ja jeszcze nie miałam okazji jej zobaczyć.

– Teraz? – ożywiła się Esme.

Amelia przytaknęła.

– Zrobimy się na bóstwo, zapakujemy dzieci do wózków i ruszymy na zakupy. To może nie jest idealne rozwiązanie naszych problemów, ale przynajmniej chociaż na trochę poprawimy sobie humor.

Chyba faktycznie tego potrzebowały. Luzu, rozrywki, shoppingu. Ostatecznie obie wybrały białe garnitury Diora ze spodniami z szerokimi nogawkami oraz oversizowe marynarki, a do tego odjechane pomarańczowe naszyjniki z logo projektanta. Esme skusiła się również na wizytę w Baby Dior, gdzie wybrała dla Carmen uroczą seledynową sukienkę. To był dobry czas, bo nie musiały o niczym myśleć i dyskutować na trudne tematy. Po prostu cieszyły się piękną pogodą, zakupami i chwilami tylko dla siebie.

Amelia powiedziała Esme, że może częściej dzwonić do Diega i umawiać je na wspólne spotkania, oczywiście za jego zgodą. Nie do końca pochwalała tę metodę, ostatecznie Esme była wolną kobietą, nawet jeżeli nosiła obrączkę. Małżeństwo nie polega przecież na tym, że ktoś komuś czegoś zabrania, cały czas kontroluje, szpieguje i ma pretensje o zwyczajne aktywności. Ale najwyraźniej przyjaciółka jakoś się z tym pogodziła, po prostu potrzebowała od czasu do czasu wsparcia, zrozumienia, no i pomocy w wyrwaniu się z domu.

Wieczorem Amelia przygotowała coś lekkiego do jedzenia, a następnie przejrzała listę filmów na Netflixie i z nadzieją pomyślała, że może uda jej się spędzić miły wieczór z Grześkiem. Jakiś czas wcześniej wrócił mu dobry humor i kłócili się zdecydowanie rzadziej. Amelia trochę żałowała, że nadal sobie wszystkiego nie wyjaśnili, ale Grzegorz zachowywał się tak, jakby tamtych nieprzyjemnych rozmów w ogóle nie było. Niedobrze jest przemilczać to, co boli i z czym się człowiek źle czuje, ale Amelia nie chciała prowokować kolejnych kłótni. Wiedziała jednak, że nie wolno tematu zamiatać pod dywan i udawać, że nic się nie stało, bo z każdym kolejnym razem będzie coraz gorzej. Pomyślała, że za jakiś czas poprosi Grześka o poważną rozmowę i spróbuje mu przedstawić swój punkt widzenia. Zwróci mu uwagę, że ją zranił, że powiedział wiele przykrych słów, za które chyba powinien przeprosić.

Ale może nie dzisiaj.

Dzisiaj po prostu zjedzą razem duszonego łososia w warzywach i kaparach, a potem obejrzą najnowszy film z Jennifer Lopez. Takie wieczory też są bardzo potrzebne.

Rozdział 23

Zastanawiałaś się kiedyś, w którym momencie
kobieta traci na wartości?

Najtrudniej jest coś zmienić, kiedy człowiek powoli przyzwyczaja się do swojej sytuacji. Kiedy robi
się za późno na jakiekolwiek dyskusje, które tylko
zostałyby potraktowane jak histeria. I może dlatego Amelia dalej żyła, godząc się ze swoim losem
i jednocześnie nie robiąc niczego, by porozmawiać
o tym, co ją boli. Grzesiek wrócił do gry, uspokoił się i znowu było jak dawniej. Ona zajmowała się
Jasiem, katowała ciało w siłowni, żeby latem móc
się pochwalić wyćwiczoną sylwetką, prowadziła
dom i dokumentowała swoje życie na Instagramie.
Przez cały czas odnosiła jednak wrażenie, że ten
spokój jest chwilowy, nieprawdziwy, a kiedy w ich
życiu pojawi się kolejny problem, wrócą kłótnie,
nieporozumienia i pretensje. Trudno jej było to za-
akceptować, ale nie miała wyjścia. Najważniejszy

tak naprawdę był Jaś, który potrzebował harmonii i beztroskiego dzieciństwa.

W połowie maja, w jednym z wynajętych specjalnie na tę okazję ogrodów Sewilli, miał się odbyć piknik, na który zaproszono między innymi piłkarzy wraz z ich WAGs, jak również znanych celebrytów, influencerów i parę osób z pierwszych stron gazet. Amelia wiedziała, że musi dać z siebie wszystko, żeby tego wieczoru wyglądać olśniewająco. To nie było tylko towarzyskie spotkanie, a raczej okazja do zaprezentowania się i niepisane zawody o to, która z kobiet zostanie uznana za najpiękniejszą. Kiedy Amelia miała dwanaście lat, brała udział w szkolnym balu, podczas którego wybierano króla i królową. Mama uszyła jej wtedy cudowną błękitną sukienkę z ogromnej ilości tiulu, a do tego kupiła błyszczący diadem, z którym Amelia nie chciała się rozstawać. Czuła się jak w bajce i chyba inni też tak uważali, bo tamtego dnia faktycznie została wybrana królową.

Teraz marzyło jej się, żeby powtórzyć ten sukces. Chciała, żeby Grzesiek był z niej dumny, a jego koledzy z zachwytem ją podziwiali. Zdawała sobie sprawę, że tak naprawdę nie ma to żadnego znaczenia, a jednak bardzo jej na tym zależało. Długo się zastanawiała, co na siebie włożyć, jak się uczesać i umalować. W końcu postawiła na białą, obcisłą sukienkę Chanel z efektownym rozcięciem niemal do pasa i głębokim dekoltem. Ćwiczenia w siłowni przyniosły oczekiwany efekt – jej ciało znowu miało idealne proporcje. Sukienka w połączeniu ze złotą biżuterią i szpilkami od Blahnika w tym samym kolorze prezentowały się olśniewająco i tak też wyglądała Amelia. Rozpuściła swoje długie włosy i postawiła na delikatny makijaż, efektownie rozświetlający jej opaloną skórę.

Tego dnia pogoda dopisała. Było gorąco, ale wiał przyjemny wiatr, co większość przyjęła z ulgą. Nie ma bowiem nic gorszego niż prażenie się w trzydziestostopniowym upale i udawanie, że z człowieka nie spływają strugi potu. Wynajęty ogród wyglądał jak z bajki. Wielki zielony trawnik był starannie przycięty i pełen kolorowych kwiatów. Pośrodku rozstawiono długie stoły, ozdobione białymi obrusami, srebrnymi świecznikami i kryształowymi naczyniami. Pod drzewami ułożono dodatkowo miękkie poduszki i puszyste koce, ostatecznie był to piknik. Nad stołami zawisły lampiony, które pod wieczór rzucały delikatne światło, tworząc romantyczną atmosferę. Amelia była szczerze zachwycona, podobnie zresztą jak Grzesiek.

– Wyglądasz jak księżniczka – wymruczał jej do ucha, a ona faktycznie tak się czuła.

Piknik zdecydowanie był nieoficjalną rewią mody. Większość strojów została zaprojektowana specjalnie na tę okazję, w końcu nie ma nic gorszego niż pojawienie się w ciuchu, który wprawdzie pochodzi z najnowszej kolekcji, ale jaki wybrała również inna kobieta. Amelia miała jednak szczęście, tym bardziej że jako jedna z nielicznych postawiła na biel, która mocno odcinała się od pozostałych ubrań, utrzymanych głównie w kolorze czarnym. Widziała, że zwraca uwagę, i sprawiało jej to przyjemność.

Kobiety zerkały z ukosa, udając, że kierują do innych uśmiechy, ale tak naprawdę oceniały i porównywały siebie z pozostałymi. Gdyby ktoś stał z boku i uważnie się im przyglądał, od razu zauważyłby, że w powietrzu unosi się mocno wyczuwalny duch rywalizacji, oczywiście starannie skrywany pod trzepotaniem rzęs i posyłaniem sobie buziaków.

– Proponuję, żebyś nie oddalała się za bardzo, bo jeszcze ktoś mógłby cię porwać – wyszeptał jej do ucha Grzegorz. – Zdecydowanie położyłaś wszystkich na łopatki.

Amelia się uśmiechnęła. Dawno już nie czuła się tak dobrze. Liczba komplementów, jakie usłyszała na swój temat, mogła naprawdę zawrócić w głowie.

Wreszcie było idealnie.

Na stołach pojawiły się przystawki z krewetkami w delikatnym sosie, kawałki soczystej wołowiny z rydzami oraz minitosty z kawiorem. Na osobnym stole ustawiono małe elektryczne grille, na których skwierczały soczyste steki z aromatycznymi ziołami.

Do picia podawano szampana, wina z najlepszych winnic oraz koktajle owocowe, które doskonale gasiły pragnienie w upalny letni wieczór.

Amelia początkowo towarzyszyła Grześkowi, ale potem dołączyła do innych WAGs, które jak zwykle plotkowały o najnowszych trendach w modzie i świecie show-biznesu. Wymieniały się komplementami i podziwiały nawzajem. Doradzały fryzjerów, odradzały pewne zabiegi i sugerowały, u kogo najlepiej wypełnić usta. Dźwięk rozmów mieszał się z delikatną muzyką graną przez modny lokalny zespół, tworząc magiczną atmosferę. Amelia nie przejmowała się, że Grzesiek gdzieś zniknął, ostatecznie nie musieli przez cały czas trzymać się za ręce. Dobrze było pogadać o bzdurach, posłuchać plotek, zanurzyć się w beztroskich pogaduszkach i popijać szampana. Wreszcie przestała zadręczać się myślami, tylko delektowała chwilą. I pomyślała, że może powinna odpuścić i bardziej doceniać takie właśnie momenty. Cieszyć się życiem, miłym towarzystwem, dobrym jedzeniem i zachwyconymi spojrzeniami.

Po co jej ten cały stres? Zamartwianie się i szukanie dziury w całym. Gorsze dni minęły, a teraz będzie już tylko lepiej.

I wtedy go zobaczyła. A właściwie ich.

W odległości jakichś dwudziestu metrów stali Grzegorz z długonogą blondynką ubraną w obcisłą złotą mini. Dziewczyna przez cały czas wybuchała śmiechem, kiedy coś do niej mówił, i niby odruchowo dotykała jego ramienia lub dłoni. Wyglądali jak para dobrych przyjaciół, chociaż Amelia mogłaby przysiąc, że widzi tę kobietę po raz pierwszy w życiu. Natychmiast straciła apetyt i poczuła się, jakby ktoś oblał ją kubłem lodowatej wody. Oczywiście to nie musiało nic znaczyć, ale po aferze z Megan Amelia nie miała już tak bezgranicznego zaufania do Grześka. Przeprosiła na chwilę swoje rozmówczynie, a potem udając, że idzie w kierunku sceny, na której grał zespół, znalazła się na tyle blisko swojego męża i jego nowej przyjaciółki, że mogła usłyszeć ich rozmowę, mimo iż była schowana za drzewem.

– Od kiedy tu jesteś? – spytał Grzesiek.

– Zaledwie od tygodnia, ale muszę przyznać, że Sewilla bardzo mnie zauroczyła – odpowiedziała dziewczyna, a Amelia ze zdumieniem odkryła, że mówi po polsku. Było to dość zaskakujące, bowiem raczej nie spotykała tutaj swoich rodaczek, większość dziewczyn pochodziła albo z Hiszpanii, albo z Francji lub Anglii.

– A jakie masz plany? – chciał wiedzieć Grzegorz.

– Powiem ci, że nie lubię planować. Biorę życie takim, jakie jest, bardzo często działam spontanicznie. Przyleciałam tu do znajomej, ale już po paru dniach doszłam do wniosku, że chyba zabawię w tym mieście nieco dłużej – uśmiechnęła się zalotnie blondynka, popijając aperol.

– Myślę, że to dobry pomysł – Grzegorz najwyraźniej ją podrywał, co stawało się coraz bardziej niesmaczne.

Amelia nie chciała jednak ujawniać, że ich podsłuchuje, poza tym na razie nie powiedzieli niczego takiego, do czego mogłaby się przyczepić. Grzesiek z pewnością odwróciłby kota ogonem i powiedział, że to ta dziewczyna pierwsza go zagadała, a on starał się być uprzejmy.

Blondynka miała na imię Patrycja i pochodziła z małej miejscowości pod Poznaniem. Jakiś czas temu zerwała z chłopakiem i postanowiła zwiedzić świat. Tyle przynajmniej udało się Amelii usłyszeć.

– Czyli jesteś sama? – spytał Grzegorz, na co dziewczyna tylko perliście się roześmiała.

– Dzisiaj sama, jutro może nie – odpowiedziała niskim głosem.

– Gdybyś potrzebowała przewodnika po tym pięknym mieście, to zawsze możesz do mnie zadzwonić – powiedział nagle Grzegorz, po czym wymienili się z Partycją numerami telefonów.

Amelia oparła się plecami o drzewo i poczuła, że ta impreza nagle straciła cały swój urok. Nic już jej nie cieszyło, nie interesowały zachwycone spojrzenia innych ludzi, cudowne miejsce, w jakim się znajdowali, nastrojowa muzyka, doskonałe jedzenie. W jednym ułamku sekundy jej mąż znowu wszystko zepsuł, kompletnie bez sensu flirtując z obcą kobietą. Do domu wrócili krótko po północy, ale w taksówce prawie ze sobą nie rozmawiali. Grzegorz wyglądał tak, jakby nad czymś głęboko rozmyślał, a Amelia nie miała ochoty mu w tym przeszkadzać. Kiedy weszła do domu, poszła od razu na górę, a potem zamknęła się w łazience, gdzie spędziła ponad godzinę.

Długo patrzyła w lustro, zastanawiając się, w którym momencie kobieta traci na wartości. W którym momencie staje się mniej atrakcyjna dla swojego partnera, mniej seksowna, mniej ponętna, niewystarczająca. Czy chodziło o to, że byli ze sobą już jakiś czas i po prostu mu się znudziła? A może o to, że nie zawsze się uśmiechała i wyglądała na szczęśliwą, że miała swoje zdanie i próbowała postawić na swoim? Chyba że po prostu już go nie kręciła, bo zbyt dobrze ją znał? Nie od dzisiaj wiadomo, że coś nowego jest o wiele bardziej fascynujące od tego, co znane. Ona jednak miała nadzieję, że w ich przypadku nie będzie tego typu problemów. Nadal kochała Grzegorza, nie rozglądała się za innymi facetami, bo do niczego nie było jej to potrzebne. Wierzyła w nich, w rodzinę, którą tworzyli, w małżeństwo, miłość i wspólną przyszłość. Nie wyobrażała sobie, że coś mogłoby to zmienić, a ona zakochałaby się w kimś innym. Najwyraźniej jednak myśli Grzegorza biegły zupełnie innym torem, a ona nie rozumiała dlaczego. Przecież wcześniej we wszystkim się zgadzali. Patrzyli w jednym kierunku, podobnie myśleli. Co jej umknęło? Co przegapiła?

Kiedy się położyła do łóżka, Grzesiek już spał. Zapatrzyła się w jego przystojną twarz i poczuła, jak jej cierpliwość, zaangażowanie i nadzieja na to, że wszystko będzie dobrze, powoli się wyczerpują. Najchętniej wstałaby teraz, spakowała walizkę, zabrała Jasia i po prostu wyszła z domu. Ale przecież była silną kobietą i nie mogła tak od razu się poddać.

Rozdział 24

Czy każdy błąd należy wybaczyć?

Amelia nie chciała popadać w paranoję, dopatrywać się we wszystkim oznak zdrady, a jednak nie potrafiła zapanować nad własnymi myślami, które atakowały ją przy każdej nadarzającej się okazji. Kiedy Grzesiek mówił, że trochę później wróci albo że umówił się z chłopakami wieczorem na piwo, w jej głowie zapalało się ostrzegawcze światełko. Nie chciała go wypytywać, czy faktycznie spotyka się z kolegami, nie chciała go również śledzić, tak jak robił Diego w przypadku Esme. Czasami odruchowo wąchała jego bluzy, żeby wyczuć zapach innej kobiety, ale jak dotąd nic nie wzbudziło jej podejrzeń. Grzesiek zachowywał się normalnie, nie znikał z domu na jakieś dodatkowe treningi czy spotkania, o których jej wcześniej nie wspominał. Jego telefon zawsze leżał na wierzchu, a on nie reagował nerwowo, kiedy przychodziła jakaś wiadomość. Wyglądało na to, że od czasu tamtego pikniku nie spotkał się z Patrycją, po prostu z nią poflirtował, to wszystko.

– Chciałabym na najbliższy mecz zabrać ze sobą Jasia – uśmiechnęła się Amelia, smarując tosty konfiturą z płatków dzikiej róży.

– Świetny pomysł! – ucieszył się Grzegorz. – Mały jeszcze nigdy nie był na trybunach. Co prawda nie sądzę, żeby cokolwiek zrozumiał z tego, co się dzieje na boisku, ale kto wie, może dobre fluidy już teraz do niego dotrą. To tylko spotkanie towarzyskie, ale pomysł mega mi się podoba.

Mecz miał się odbyć w najbliższą niedzielę. Amelia ubrała małego w koszulkę z numerem taty, a sama założyła obcisły czarny top od Balenciagi i dżinsowe krótkie spodenki. Na trybunach raczej obowiązywał luźny styl, choć oczywiście starannie zaplanowany i w dobrym guście. Ostatecznie to właśnie WAGs były największą ozdobą stadionów. Media uwielbiały komentować, co żony i dziewczyny piłkarzy na siebie zakładały, jakich projektantów wybierały, jak dużo ciała pokazywały i która z nich wyglądała najlepiej.

Georgina Rodriguez, żona Ronalda, na ostatnim meczu zaprezentowała się w czarnej dopasowanej sukni bez ramiączek, która klasycznie odsłaniała nieco dekoltu. Do tego zdecydowała się przywdziać zielone kimono z drobnymi wzorkami, które sięgało kostek,

a całości dopełniały srebrne błyszczące szpilki. W tej
stylizacji dużą rolę odegrały jednak dodatki, których
łączną wartość wycenia się na prawie dziesięć milio-
nów złotych. Wśród nich znalazły się: biała pikowana
torebka od Channel warta ponad trzydzieści osiem
tysięcy oraz zegarek Rolex GMT-Master II oprawio-
ny w osiemnastokaratowe białe złoto z fabrycznymi
diamentami, którego wartość szacuje się na ponad
dwa miliony złotych[9].

Amelia śmiała się czasem z tych niepisanych za-
wodów, chociaż sama musiała niejako brać w nich
udział. Usiadła teraz na trybunach i wzięła na kolana Jasia, który z zaciekawieniem przyglądał się
wszystkiemu dookoła. Do tej pory zazwyczaj zostawiała go z opiekunką, ale być może to był faktycznie dobry moment, żeby synek zobaczył, czym
zajmuje się jego tata.

Nagle zamarła, bowiem kątem oka dostrzegła
blondynkę z pikniku.

Patrycja.

Wyglądało na to, że przyszła tu sama. Była ubrana w obcisły kombinezon z efektownym rozcięciem
w okolicach dekoltu, który podkreślał wszystkie jej atu-
ty. Włosy upięła w wysoki kok i miała dość mocny makijaż, w którym jednak wyglądała wyjątkowo dobrze,
co Amelia uczciwie musiała przyznać. Dziewczyna

siedziała kilka rzędów dalej, ale śmiała się tak głośno, że pewnie słyszał ją cały stadion. Uwaga większości osób z loży VIP-ów była skupiona na niej, zresztą
dziewczyna robiła wszystko, żeby tak właśnie było.

Amelia zacisnęła zęby. Zastanawiała się, kto ją tu
zaprosił. Jakiś kolega Grzegorza czy może właśnie
jej mąż osobiście? Spotkanie oglądała bez większych
emocji, niemal odruchowo przez cały czas przyglądając się Patrycji. Klub Grześka wygrał jeden zero,
chociaż nie był to jakoś spektakularnie dobry mecz.
Po spotkaniu mieli wrócić razem do domu, dlatego
Amelia czekała na męża z Jasiem w samochodzie.
I tylko zmarszczyła czoło, kiedy zobaczyła, jak do
Grześka podchodzi Patrycja, a następnie całuje go
w policzek. Zamienili ze sobą kilka zdań, a potem
Grzegorz coś tam jej szepnął do ucha i ruszył w kierunku samochodu.

– Kto to był? – spytała Amelia niewinnym głosem.

– Ale o kogo pytasz? – Grzesiek udawał durnia.

– O tę blondynkę w obcisłym kombinezonie
i z tak wyeksponowanym biustem, że niemal można było dojrzeć jej sutki – dodała zgryźliwie, chociaż
wcześniej obiecała sobie, że nie okaże nawet cienia
zazdrości.

Grzesiek parsknął śmiechem.

– To tylko znajoma, nic takiego. Poznaliśmy się
na pikniku, myślałem, że też z nią rozmawiałaś.

– Niestety nie. Wydaje mi się, że nikt mi jej nie przedstawił, a ona chyba również nie miała okazji, żeby mnie poznać. Wie, że jesteś moim mężem? Albo może zapytam inaczej: wie, że masz żonę?

Grzesiek przewrócił oczami.

– Jezu, Amelia, jesteś zazdrosna? Codziennie podchodzą do mnie jakieś dziewczyny, proszą o autograf albo przychodzą na mecze i krzyczą z trybun. To nic takiego. To rzeczywistość każdego piłkarza.

– Możliwe. Ale ona nie wyglądała na przypadkową dziewczynę, tylko na kogoś, z kim dobrze się znasz.

Wzruszył ramionami.

– W sumie to jej nie znam. Jest tak, jak mówię, a jeśli widzisz w tym coś więcej, to już twój problem. Powiedz lepiej, czy Jasiowi podobał się mecz?

Amelia zerknęła na śpiącego synka.

– Pewnie tak. W końcu wygraliście – odpowiedziała, ale w jej głosie trudno byłoby usłyszeć entuzjazm.

Resztę drogi przebyli w milczeniu.

Kiedy wrócili do domu, postanowiła się zabawić w detektywa. Nie powinna już o nic więcej pytać Grzegorza, był wystarczająco zniecierpliwiony jej zaciekawieniem, ale mogła przecież pogrzebać w internecie. Co prawda nie wiedziała, jak dziewczyna się nazywa, ale zrobiła jej ukradkiem zdjęcie i dzięki funkcji wyszukiwania twarzy w Google mogła dopasować je do znalezionych w sieci fotografii.

Chwilę później uśmiechnęła się pod nosem.

Bingo.

Patrycja M., pseudonim Pati. Dziewczyna pochodziła z Opalenicy, lat dwadzieścia jeden, marzycielka, miłośniczka podróży i dobrego jedzenia.

– Oraz cudzych mężów – mruknęła pod nosem Amelia.

Bardzo dokładnie obejrzała profil Pati, wnikliwie studiując każde jej zdjęcie oraz wszystkich znajomych. Blondynka nie miała na swoim koncie żadnych większych osiągnięć poza tym, że kiedyś spotykała się z trzecioligowym piłkarzem. Najwyraźniej jej się spodobało i doszła do wniosku, że śmiało może spróbować wejść do pierwszej ligi. Miała ku temu odpowiednie warunki, była dość pewna siebie, ładna i z całą pewnością umiała przyciągać uwagę. Gdyby tylko dobrze się zakręciła, mogłaby zdobyć to, o czym marzyła. O piłkarzach krążyły dwie opinie. Pierwsza mówiła, że są wierni, a jeżeli wybierają sobie dziewczynę na partnerkę życia, to koncentrują się na rodzinie, no i oczywiście na grze. Druga była bardziej powszechna i zapewne również prawdziwsza. Że korzystają z każdej nadarzającej się okazji. Ostatecznie, skoro większość dziewczyn sama pchała im się w łapy, dlaczego mieliby udawać świętych?

Było coś jeszcze – niektóre WAGs po cichu godziły się na zdrady, byle tylko nikt się nie dowiedział. Podobno Neymar i jego partnerka Bruna mieli umowę pozwalającą piłkarzowi spotykać się z innymi kobietami. Miał to jednak robić pod pewnymi warunkami: być dyskretnym, używać prezerwatyw i nie całować kochanek w usta. A jednak i tak doszło do skandalu, kiedy Neymar publicznie wyznał, że zdradzał swoją ciężarną partnerkę, ale błaga o wybaczenie i wierzy, że jeszcze im się uda. I co na to fani? „Wielki jest człowiek, który przyznaje się do błędów i prosi o przebaczenie", „Kibicuję, żeby wszystko się udało", „Każdy popełnia błędy". Amelia czasami odnosiła wrażenie, że piłkarzom z jakiegoś powodu wolno więcej.

Chociaż nie każdemu publiczne zwierzenia wyszły na dobre. Media ostatnio huczały o wywiadzie Kuby Rzeźniczaka, który poinformował cały świat, że wszystkie jego partnerki były beznadziejne, a on je zdradzał, bo „tak wyszło". Poza tym ma taką naturę, a z tym przecież nie można walczyć. Na dodatek jedna z jego kobiet okazała się panienką na telefon (tak przynajmniej sugerował Kuba), druga udawała kogoś innego, niż była, a trzecia była po prostu głupia, bo tolerowała jego zdrady, a nie powinna. Czwarta i ostatnia na razie była najbardziej poszkodowana, bo wszyscy się jej uczepili. Kuba najwyraźniej nie przejął się faktem, że został nazwany patologicznym narcyzem, który swoimi wypowiedziami tylko się pogrążył, i sprzedawał dziennikarzom kolejne rewelacje. I tylko szkoda w tym wszystkim było jego dziecka, z którym, jak stwierdził, „i tak nie czuje żadnych więzi".

Grzesiek plasował się gdzieś pośrodku. Z jednej strony był dumny z tego, że ma piękną żonę, rodzinę i syna, z drugiej nie oznaczało to wcale, że nie interesowały go inne kobiety. Co prawda uparcie twierdził, że między nim a Megan do niczego nie doszło – ostatecznie nikt go na niczym nie przyłapał – ale najwyraźniej schlebiało mu to, że podoba się kobietom i że wiele z nich chętnie wskoczyłoby mu do łóżka.

Amelia się zamyśliła.

Nie wiedziała, co w takiej sytuacji zrobić. Okazywanie nadmiernej zazdrości zdecydowanie nie wchodziło w grę, bo tylko denerwowało Grześka, ale udawanie, że wszystko jest w porządku, chyba też nie było żadnym rozwiązaniem. Nie chciałaby go śledzić, ale tak całkowicie odpuścić? Wierzyć mu na słowo? Być przekonana, że wszystko jest w porządku, a ich rodzina jest bezpieczna?

– Cholera – zaklęła pod nosem. – Mam wrażenie, że siedzę na tykającej bombie. A chciałam tylko mieć szczęśliwe życie.

Westchnęła, a potem przejrzała raz jeszcze zdjęcia z dzisiejszego spotkania i wrzuciła fotkę Jasia w za dużej koszulce z numerem taty. Nie pokazała twarzy dziecka, większość WAGs tego nie robiła i ona również uważała, że to dobra strategia. Niemniej jednak zdjęcie wzbudziło ogromny zachwyt i już po chwili pod postem pojawiło się kilkaset miłych opinii.

Cudowny mały piłkarz.

Przyszłość polskiej drużyny, oby lepsza niż teraźniejszość – dodał ktoś inny nieco kąśliwie.

Słodki futbolista.

Amelia uśmiechała się do tych komentarzy do czasu, kiedy nie przeczytała ostatniego.

Jeszcze jesteście razem? Podobno twój mąż już znalazł sobie nowy obiekt westchnień. No cóż, karma wraca. Ty też go odbiłaś innej kobiecie.

Amelia zamarła. Jak to możliwe, że coś takiego tak szybko wydostało się na światło dzienne? I czy chodziło o Patrycję, czy o kogoś jeszcze innego? Trzeba pokazać ten komentarz Grześkowi, chociaż pewnie tylko machnie ręką albo wyśmieje ją, że się przejmuje durnymi plotkami. Możliwe, że miałby rację, ostatecznie anonimowość w sieci pozwala różnym hejterom, zazdrośnikom i zgnuśniałym Grażynom pisać co tylko ślina im na język przyniesie. Karina miała rację – Polacy naprawdę są wybuchową mieszanką i nie należy brać na serio wszystkiego, co piszą lub mówią.

A jednak nie mogła się powstrzymać, żeby nie zerknąć na wibrującą komórkę Grzegorza, która leżała na stole. Grzesiek akurat był w łazience, więc pomyślała, że tylko spojrzy.

Litera „P".

Nic więcej. Żadnego imienia, żadnego przezwiska.

P.

„P" jak Patrycja.

Tylko po jaką cholerę dzwoniła do niego po dwudziestej pierwszej?

Rozdział 25

Trzeba umieć dogodzić facetowi, któremu wszystko zawdzięczasz

W świecie WAGs trzeba mieć oczy dookoła głowy. To nie jest tak, że wszyscy cię lubią, chcą się z tobą zaprzyjaźnić i spędzać czas. Większość znajomości jest podszyta wyrachowaniem, a chwilowe zainteresowanie wynika z faktu, że jest to dla kogoś opłacalne. Tutaj nie można tak po prostu komuś zaufać i wierzyć, że dobrze nam życzy. Wiara w zwykłą sympatię jest szybko konfrontowana z rzeczywistością i to doświadczenie boli jak upadek z dużej wysokości.

Amelia zawsze uważała, że uczciwość i zaufanie w związku są niezwykle ważne, ale kiedy to zaufanie zostaje nadszarpnięte, człowiek czasem postępuje trochę wbrew temu, co sobie obiecywał. Czasem lepiej jest zapobiec nieszczęściu, niż potem żałować, że niczego się nie zrobiło. Być może dlatego złamała żelazną zasadę nienaruszania prywatności, znalazła PIN do komórki Grzegorza, a potem po prostu przeczytała wszystkie wiadomości. To nie był tylko zwykły flirt, nic nieznaczące uwagi o tym, że ktoś ładnie wygląda albo zaproszenie kogoś na kawę. To był *dirty talk*, pikantne pogaduszki o tym, co jedno robiłoby z drugim, gdyby tylko miało okazję. Czytała to z obrzydzeniem, czując, jak wszystko podchodzi jej do gardła, aż w końcu faktycznie musiała pobiec do łazienki i zwymiotować.

Mogła od razu wygarnąć prawdę Grzegorzowi, ale wtedy musiałaby się przyznać, że czytała jego prywatne wiadomości, a tego chciała uniknąć. Mogła zrobić coś jeszcze – spotkać się z Patrycją i zasugerować jej, żeby skierowała swoją uwagę na kogoś, kto nie ma żony. Zdawała sobie sprawę, że takim spotkaniem trochę się ośmiesza, ale postanowiła zaryzykować. Spisała jej numer telefonu i zadzwoniła, kiedy Grzegorz miał trening.

– Co powiesz na małą kawę? – odezwała się, kiedy tylko dziewczyna odebrała telefon.

– A z kim ja, przepraszam, rozmawiam? – zdumiała się Patrycja.

– Z Amelią. Jestem żoną Grzegorza. Nie wiem, czy ci wspominał, że jest żonaty, ale jeżeli nie, to teraz ja to robię.

Po drugiej stronie zapadła cisza.

– Nie pijasz kawy? – spytała Amelia słodkim tonem.

– Eee, owszem, ale nie bardzo wiem, dlaczego miałabym to robić z tobą – odpyskowała dziewczyna.

Amelia zacisnęła pięści. Najchętniej od razu wygarnęłaby jej, co o niej myśli, ale wiedziała, że to słaby pomysł.

– To może aperol? Z tego, co pamiętam, na pikniku piłaś go wyjątkowo chętnie.

– Dobra, bo widzę, że nie odpuścisz. Możemy się spotkać, chociaż chyba się domyślam, co chcesz mi powiedzieć – odparła Patrycja i podała miejsce, w którym miały się zobaczyć za godzinę.

Amelia stanęła przed lustrem i dokładnie się sobie przyjrzała. Wyglądała dobrze, wcale nie gorzej od tej gówniary, która najwyraźniej zagięła parol na Grześka. Postanowiła, że zachowa spokój, że będzie stonowana i pewna siebie. Żadnych krzyków, oszczerstw, wulgaryzmów ani proszenia o cokolwiek. Powie jej, co ma do powiedzenia, a potem po prostu wróci do domu.

Kiedy weszła do kawiarni Jester, Patrycja już na nią czekała. Była ubrana w tak krótką sukienkę, że niemal można było dostrzec jej bieliznę. Do tego buty na wysokim obcasie i torebka od Louisa Vouittona. Robiła wrażenie i pewnie właśnie o to jej chodziło. Ale Amelia nie dała się zbić z tropu.

Usiadła teraz naprzeciwko dziewczyny i tylko się uśmiechnęła.

– Rozumiem, że postanowiłaś zostać WAG, ostatecznie to bardzo dobra pozycja społeczna. Oczywiście pod warunkiem, że człowiek wie, jak do tego podejść i jak się w tym świecie odnaleźć.

Patrycja wydęła usta.

– Chyba nie potrzebuję twoich porad. Doskonale to wiem i znam swoją wartość. Myślę, że świetnie sobie poradzę.

Amelia zgrzytnęła zębami.

– Nie wątpię, bo masz wszystkie warunki ku temu, ale sugerowałabym, abyś wybrała sobie na partnera kogoś, kto nie ma rodziny.

– Niby dlaczego? – zagadnęła Patrycja. – Ty tak nie zrobiłaś.

– Słucham? – Amelia wpatrywała się w nią z osłupieniem.

– Przypominam ci, że zanim Grzesiek zaczął się z tobą spotykać, był związany z Ewą, a ona była z nim w ciąży.

– To nieprawda. Była w ciąży, ale z kimś innym.

Patrycja parsknęła.

– Łatwo jest w coś takiego uwierzyć, prawda? Zwłaszcza kiedy nam to pasuje. To przynajmniej zmywa z ciebie wyrzuty sumienia. Ale mylisz się. Dziecko było jego, Ewa poroniła, kiedy się dowiedziała, że on już od dawna spotyka się z tobą.

– Bzdura – Amelia postanowiła, że nie da się wyprowadzić z równowagi. – Powtarzasz plotki, a nie masz żadnych dowodów.

– Ależ mam, ale nie będę ci o nich mówić, bo to moja sprawa.

Amelia wzruszyła ramionami.

– Proponuję ci, żebyś mimo wszystko przeniosła swoje zainteresowanie na kogoś innego. To dobra rada, bo jeżeli posłuchasz, to być może zostaniesz przyjęta do tego świata. W przeciwnym razie nigdy nie znajdziesz tu żadnej przyjaciółki.

Blondynka wyszczerzyła w jej kierunku śnieżnobiałe zęby.

– Ja nie szukam przyjaciółek, tylko dobrego życia. Dobrego seksu, świetnych zakupów, prywatnego samolotu i zajebistych wakacji. Przyjaciółki nie są mi do niczego potrzebne.

Najwyraźniej dziewczyna nie zamierzała odpuścić. Co więcej, wydawała się dobrze bawić kosztem Amelii.

– Jak się tu znalazłaś?

– Mam ci opowiedzieć moją historię? – wybuchnęła śmiechem Patrycja. – Po prostu doszłam do wniosku, że Hiszpania to piękny kraj, Sewilla to piękne miasto, a tutejszy klub ma całkiem niezłych facetów.

Coś tu śmierdziało. Jak to możliwe, że spośród tylu miejsc Patrycja trafiła właśnie tutaj?

– Jestem w ciąży – oznajmiła nagle Amelia, chociaż to nie było prawdą. Ale postanowiła, że spróbuje wszystkiego, złapie się ostatniej deski ratunku. Może ta informacja spowoduje, że dziewczynie odechce się podrywania faceta, któremu za chwilę urodzi się drugie dziecko.

– Karina mnie ostrzegała, że nie będziesz łatwym przeciwnikiem – wyrwało się nagle Patrycji. Było widać, że nie chciała tego powiedzieć, bo nagle na moment przestała się uśmiechać i wyraźnie straciła pewność siebie.

Amelię tymczasem jakby trafił piorun.

– Karina? Jaka Karina? – powtórzyła, chociaż doskonale znała odpowiedź.

– Nieważne.

– Dla mnie bardzo. Skoro powiedziałaś już tyle, to dokończ. Chyba że nie masz jaj.

Pati przygryzła wargę i przez chwilę przyglądała się Amelii w milczeniu.

– Nie muszę ci się z niczego tłumaczyć, o niczym opowiadać, za nic cię przepraszać ani niczego wyjaśniać. A twój mąż chyba nie dostaje w łóżku tego, czego chce, bo jest na mnie ostro napalony. Ja z kolei marzę o chwili, kiedy poczuję go w sobie – powiedziała w końcu, a potem nagle wystawiła język, wstała i oznajmiła:

– Skoro mnie zaprosiłaś, to zapłać za moją kawę.

I wyszła.

Amelia siedziała jak skamieniała. Nie mogła się poruszyć. Nie mogła złapać oddechu ani racjonalnie odpowiedzieć na pytanie kelnerki, która nagle obok niej się pojawiła.

– Poproszę o szklankę wody – wyszeptała tylko.

Kwadrans później sięgnęła drżącą ręką po komórkę i wybrała numer Kariny.

– Patrycja vel Pati to twój pomysł? A możesz mi powiedzieć dlaczego? Myślałam, że jesteśmy przyjaciółkami?

Po drugiej stronie rozległo się tylko zniecierpliwione westchnienie.

– Nazwałabym to raczej układem niż przyjaźnią. Pomogłam ci wejść do tego świata, pomogłam ci zdobyć to, o czym zawsze marzyłaś, ale w pewnym momencie przestałaś być rentowna. Muszę przyznać, że nie najlepiej wyszłam na znajomości z tobą. Kilka torebek, parę ciuchów, lot do Sewilli, to wszystko. Na dodatek wygląda na to, że tracisz swoją uprzywilejowaną pozycję. Niemal od samego początku jęczysz, marudzisz i narzekasz, zamiast wziąć się porządnie do roboty. Zajęłaś etat, o którym marzy niejedna dziewczyna. I wierz mi, większość z nich zrobiłaby wszystko, żeby z tego miejsca nie wylecieć. Pomyślałam, że najwyższy czas zastąpić cię kimś, kto wie, na czym polega ten biznes. Kto będzie umiał dogodzić facetowi, który jest jak kura znosząca złote jaja.

– I myślisz, że tak to właśnie działa? Że nasłanie na Grześka pierwszej lepszej dziwki wystarczy, żeby owinąć go sobie wokół palca? – Amelia starała się, żeby jej głos brzmiał stanowczo, chociaż tak naprawdę chciało jej się wyć.

– Twój mąż nie jest rycerzem na białym koniu, który przez całe życie będzie kochał jedną kobietę. Raczej wybierze taką, która będzie mu dawała wszystko, czego on chce. Bez oczekiwania na rewanż.

– Czy to było dziecko Grzegorza? – Amelia zmieniła nagle temat. – Skoro mówisz mi wszystko i nie owijasz w bawełnę, to chyba również w tej sprawie możesz być szczera. Z kim była w ciąży Ewa?

– Proszę bardzo. Tak, to było dziecko twojego męża. Ale nic więcej ci nie powiem, bo dawno już zapomniałam o tamtej historii.

– Dlaczego mi to robisz? – spytała cicho Amelia.

– Bo też muszę z czegoś żyć. Dobrze rokowałaś, ale chyba faktycznie jesteś niewystarczająca do tej roli. Żyjesz w świecie fantazji. Wydaje ci się, że miłość to podstawa wszystkiego, a tymczasem to tylko dodatek. Coś, co bardzo szybko wyparowuje, a potem zostaje nuda. Twoim zadaniem było uporanie się z nią i robienie wszystkiego, żeby zadowolić swojego męża. Wiedziałaś, w co się pakujesz, a jednak ciągle żyłaś marzeniami. No to teraz masz nauczkę.

Amelia się rozłączyła. Dotarło do niej, że została z tym wszystkim zupełnie sama. Nie miała przyjaciół, nie miała w Hiszpanii rodziny, nie mogła nawet porozmawiać z mężem, z którym od dłuższego czasu nie układało jej się najlepiej. To była naprawdę wysoka cena za to, że spełniły się jej marzenia. Być może były zbyt wygórowane. Być może zbyt abstrakcyjne jak na dziewczynę z małego miasteczka. I teraz musiała za to zapłacić.

Kiedy wróciła do domu, Grzesiek był akurat w kuchni, podgrzewał sobie kolację.

– Gdzie byłaś? – spojrzał na nią pytająco.

– Czy ty mnie jeszcze kochasz? – odpowiedziała mu pytaniem na pytanie.

Zamarł na moment z talerzem w ręku.

– A co to za dziwna zmiana tematu? O co ci chodzi?

– O nic. Po prostu chciałabym wiedzieć, czy jeszcze mnie kochasz.

– Amelia, będziemy teraz roztrząsać nasze małżeństwo? Zaczniesz mi wypominać, ile razy byłem dla ciebie niemiły albo że nie kupiłem ci kwiatów? Jezu, daj spokój. Wróciłem z treningu, chcę w spokoju coś zjeść, a potem obejrzeć telewizję. Nie mam najmniejszej ochoty na małżeńskie dyskusje o niczym.

– Miłość to nie jest dyskusja o niczym. My to również nie jest dyskusja o niczym. To nasza przyszłość. Moja i twoja. I naszego syna. Dlatego chciałabym wiedzieć, na czym stoję.

– Dobra, kocham cię. Mogę teraz zjeść kolację? – odpowiedział po chwili, a potem wzruszył ramionami i usiadł na kanapie.

Amelia popatrzyła na niego smutno, a potem poszła na górę, do pokoju Jasia. Spojrzała na śpiącego synka i zastanowiła się. Czy podjąć jeszcze jedną próbę i walczyć o to małżeństwo? Co będzie lepsze dla tego małego człowieka? Odejście, zostanie samotną matką czy może jednak walka? W Japonii nikt nie wyrzuca starych, popękanych filiżanek, tylko ratuje się je za pomocą złota. Kiedyś jej dziadek kilkukrotnie reperował pralkę, zanim ostatecznie wyzionęła ducha. Ale za każdym razem powtarzał, że najłatwiej jest coś zastąpić nowym, nie podjąwszy żadnej próby naprawy. Może miał rację? Może trzeba dwadzieścia, trzydzieści albo i jeszcze więcej razy próbować skleić coś, co pękło? Przecież na tym właśnie polega dorosłość i chyba również miłość.

Rozdział 26

Zdrady nie bolą mniej niż uderzenie.
Bolą inaczej

Kiedy Esme pojawiła się w apartamencie Amelii, ta początkowo nie wiedziała, jak ma zareagować. Esme była posiniaczona, a jej twarz wyglądała, jakby ktoś potraktował ją jak worek bokserski.

– Powiedz mi, że to nieprawda – wyszeptała Amelia. – Powiedz, że to nie jest to, o czym myślę, bo w przeciwnym razie będę musiała zadzwonić na policję.

Esme nic nie odpowiedziała, tylko się rozpłakała, a potem z całej siły przytuliła do Amelii.

– Odeszłam od niego. Doszłam do wniosku, że tak dłużej nie można żyć. Że to wszystko, co mam, nie jest warte takiego poniżenia. Carmen jest u mojej mamy, ja też tam się przeprowadziłam. Nie zostanę jednak w Sewilli. Planuję wyjechać do Marbelli, tam mieszka moja kuzynka, która powiedziała, że mi pomoże.

Amelia tylko pokiwała głową.

– Myślę, że to najlepsze, co mogłaś zrobić.

– Powinnam już dawno podjąć taką decyzję, ale nie umiałam. Wydawało mi się, że zbyt wiele stracę. Cały świat wydawał się na wyciągnięcie ręki. Mogłam pojechać w każde miejsce na Ziemi, kupić sobie wszystko, na co miałam ochotę. To kusi. Powoduje, że człowiek zapomina o własnej wartości i skupia się tylko na tym, co materialne. Nie wiem, może to wynika z tego, że u mnie w domu nigdy się nie przelewało? Nigdy nie było nas stać na dobry samochód, na bywanie w restauracjach niemal każdego dnia, na ciuchy od najlepszych projektantów. Jakkolwiek płytko to brzmi, to jednak prawda jest taka, że wciągnął mnie ten świat. Poczułam się, że mogę dostać gwiazdkę z nieba, że już do końca życia nie będę musiała się o nic martwić. Starałam się też rozumieć Diega, jego historię, jego przeszłość, ale to nie usprawiedliwia takiego traktowania. Tak jak ci już wcześniej mówiłam, zainstalował mi szpiega w komórce i w ten sposób śledził każdy mój krok. A ja, głupia, zignorowałam to.

– Ale stało się coś konkretnego? – Amelia zaprowadziła Esme do pokoju, posadziła na kanapie i poszła po szklankę wody.

– Spotkałam się z dawnym kolegą ze szkoły. Nic takiego, żaden flirt, po prostu zwykła rozmowa.

Gadaliśmy o starych czasach, o tym, jak kiedyś pojechaliśmy całą klasą do Barcelony, a on się odłączył, żeby zobaczyć stadion – uśmiechnęła się. – To był mój pierwszy chłopak, który kochał piłkę nożną. Ale nie trafił do żadnego klubu. Kiedy wróciłam do domu, Diego już na mnie czekał z jakimś dziwnym błyskiem w oku i złym wyrazem twarzy. Wystraszyłam się, ale nie sądziłam, że to zajdzie aż tak daleko. Zapytał mnie, gdzie byłam, więc powiedziałam, że na spotkaniu. Nie czekał na dalsze wyjaśnienia, tylko po prostu od razu mnie uderzył. Rozumiesz to? Uderzył mnie pięścią w twarz tak, że upadłam. A potem zaczął wrzeszczeć, że jestem zwykłą kurwą, że jestem taka jak wszystkie te tępe dzidy, które tylko czekają, żeby wyrwać jakiegoś piłkarza, a potem żerować na jego forsie. Wydzierał się na mnie tak bardzo, że aż obudził małą. Carmen zaczęła płakać, kompletnie nie rozumiała, co się dzieje. Po raz pierwszy chyba widziała swojego tatę w takim stanie. Próbowałam go uspokoić, właśnie ze względu na nią. Ale wieczorem, kiedy zasnął, spakowałam najpotrzebniejsze rzeczy i pojechałam do mamy.

Amelia nie mogła uwierzyć, że jej przyjaciółce przydarzyło się coś takiego. Nie była w stanie zrozumieć, jak mężczyzna, dużo silniejszy i bardziej potężny, może uderzyć kobietę, matkę swego dziecka.

– A jeśli będzie cię szukać?

Esme wzruszyła ramionami.

– To już nieistotne. Zgłosiłam się do lekarza, zrobił mi obdukcję, z którą od razu pojechałam na policję. Postanowiłam, że nie będę dłużej czekać i że z całą pewnością nie dam mu drugiej szansy. Mam też prawnika, który zawnioskował o zakaz zbliżania się do mnie i dziecka na odległość nie mniejszą niż dziesięć metrów. O wszystkim został również poinformowany trener i szczerze mówiąc, mam nadzieję, że zawiesi Diega. Wiem, że jest dobrym napastnikiem, ale w tej chwili mam to w dupie. Wierzę, że jego kariera skończy się jeszcze w tym sezonie. Zdrady można czasem wybaczyć. Wielu ludzi uważa, że to nic takiego, że to jakaś część życia piłkarza. Ale przemoc to jest coś, czego ludzie na szczęście nie akceptują. Przynajmniej większość.

Amelia się zamyśliła. Nawet jeżeli zdrady wpisywały się w życiorys piłkarzy, to wcale nie znaczyło, że bolały mniej niż uderzenia. Bolały inaczej. Dotykały poczucia własnej wartości, sprawiały, że człowiek czuł się praktycznie nikim.

– Poradzisz sobie jakoś? – spytała teraz.

Esme pokiwała głową.

– Zaoszczędziłam trochę pieniędzy, to nie jest tak, że wszystko wydawałam na siebie. Udało mi się sporo odłożyć, zwłaszcza z mojego biznesu. Plus to, co dawał mi Diego. Zastanawiam się nawet, czy ja jakoś nie przygotowywałam się do tego odejścia. Wyobraź sobie, że pieniądze zaczęłam odkładać już kilka lat temu, kiedy po raz pierwszy podniósł na mnie głos tak, że się wystraszyłam. Później te awantury często się powtarzały, uspokoił się dopiero, kiedy byłam w ciąży. Ale od jakiegoś czasu wszystko wróciło, a nawet zrobiło się jeszcze gorzej. Nie wiem, dlaczego sobie ubzdurał, że go zdradzam, że mam kogoś na boku. Wpadł w jakąś paranoję, nie dał sobie niczego wytłumaczyć, tylko uwierzył w swoją prawdę. Ale teraz już mnie to nie interesuje. Wreszcie podjęłam decyzję i powiem ci, że odetchnęłam z ulgą. Nawet nie wiesz, jak się cieszę, że mogę do ciebie ot tak po prostu przyjść, nie tłumacząc się nikomu, nie pytając o zgodę. A potem wrócę do mamy, do Carmen i też będę miała spokój. Żadna torebka nie jest tego warta.

Kiedy Grzesiek wrócił do domu, Amelia chciała mu o wszystkim opowiedzieć, ale on już znał prawdę.

– Diego został zawieszony. Trener powiedział, że chwilowo musi zniknąć nie tylko z boiska, lecz także z przestrzeni publicznej, bo ludzie chcą go zjeść żywcem. Esme nagłośniła całą sprawę, a właściwie jej prawniczka. Cholera, nigdy nie przypuszczałem, że on jest damskim bokserem. To gówniane, co zrobił. I mam nadzieję, że za to zapłaci – powiedział, a potem podszedł do Amelii i mocno ją przytulił.

– *Sorry*, jeżeli ostatnio było między nami nie tak. A ta Patrycja to pomyłka jakaś. Przyznaję, że trochę z nią poflirtowałem, trochę popisaliśmy, ale to naprawdę wszystko. Poza tym widać, że dziewczyna jest mocno narajana na kasę i sławę, a mnie to trochę drażni. No i mam ciebie – oprzytomniał w porę.

Amelia smutno się uśmiechnęła. Tak naprawdę Grzegorz powinien był zacząć właśnie od tego, że ma żonę i dziecko, a nie stwierdzać, że Patrycja jest kimś innym, niż myślał. A gdyby nie leciała na kasę, tylko okazała się fajną dziewczyną, skusiłby się na nią?

Otrząsnęła się. Doszła do wniosku, że znowu niepotrzebnie zaczyna zbyt dużo myśleć, analizować, układać w głowie bezsensowne scenariusze. Jeżeli Grzegorz mówi, że do niczego nie doszło, to ona będzie mu wierzyć.

– Zbliża się lato, może pomyślimy o jakichś wspólnych egzotycznych wakacjach? Co powiesz na Zanzibar?

– Przereklamowany – roześmiała się. – Byli tam już chyba wszyscy celebryci, na dodatek nieźle skompromitowani, bo skusili się na darmowe wyjazdy do gościa, który wystawił wiele osób do wiatru. Wolałabym jakieś bardziej oryginalne miejsce i zdecydowanie mniej oblegane przez rodaków.

Grzesiek zamyślił się.

– To może wyspy Fidżi? Albo Sardynia – zmrużył oczy. – Z tego, co wiem, to w zeszłym roku byli tam Manuel z Megan i bardzo sobie to miejsce chwalili.

Amelii trochę zrzedła mina na dźwięk imienia kobiety, może dlatego, że w dalszym ciągu pamiętała tamtą nieprzyjemną rozmowę z jej mężem. Z tego, co słyszała, Megan urodziła zdrową córeczkę i teraz cała jej uwaga była skupiona na dziecku. Amelia chciała nawet do niej zadzwonić albo wysłać kwiaty, ale nie wiedziała, jak tamta zareaguje. Oraz jak zareaguje Manuel, który wyraźnie dał do zrozumienia, że nie przepada za Amelią ani, tym bardziej, za Grześkiem.

– Niech będzie Sardynia – zgodziła się. – Cieszę się, że spędzimy ten czas razem. Może pojechałaby z nami moja mama? Mogłaby zająć się Jasiem, a my mielibyśmy czas tylko dla siebie.

Grzegorz pokiwał potakująco głową.

– Dobry pomysł. Muszę nabrać sił przed zbliżającym się sezonem, w końcu w przyszłym roku zaczynają się mistrzostwa Europy. Mam nadzieję, że uda nam się wyjść z grupy i zajść trochę dalej niż ostatnim razem. Ostrzegam cię jednak, że to będzie nerwowy czas – skrzywił się.

Amelia pomyślała o tym z lekkim niepokojem, ale doszła do wniosku, że na razie nie będzie się przejmować. W tym roku przeżyła już tak wiele złych rzeczy, że wydawało jej się, iż już nic gorszego nie może się przytrafić. Ciągle jeszcze bolała ją zdrada Kariny i to, co ta kobieta próbowała jej zrobić. Nie mogła uwierzyć, że ktoś był aż tak bardzo wyrachowany i stawiał na szali absolutnie wszystko, byle tylko dopiąć swego. Tak naprawdę było coś jeszcze, co powodowało, że sama myśl o Karinie wydawała się Amelii obrzydliwa.

Po ich ostatniej rozmowie odszukała profil Ewy, byłej dziewczyny Grzegorza, i napisała do niej wiadomość. Ewa odezwała się po kilku dniach, podając swój numer telefonu.

Amelia długo się zastanawiała, czy zadzwonić, w końcu jednak się odważyła.

– Od tamtego czasu minął ponad rok, dlatego dzisiaj mogę spokojnie o tym mówić. Tak przynajmniej sądzę. To było dziecko Grzegorza, jeśli chcesz o to zapytać. Tyle że zostałam wplątana w niezłą akcję i pewnie dlatego on przestał mi wierzyć – powiedziała Ewa.

– Akcję? – powtórzyła Amelia.

– Ktoś wynajął faceta z agencji, który próbował mnie poderwać i zaprosił mnie na drinka. Mieliśmy wtedy z Grześkiem nie najlepszy okres, dlatego dałam się namówić. Myślę, że gość czegoś mi dosypał, bo połowy rzeczy nie pamiętam. Nie zgwałcił mnie, jeżeli o to chodzi, po prostu zaczął całować, a odpowiednia osoba zrobiła kilka zdjęć. I to były wystarczające dowody, żeby przekonać Grześka, że mam kogoś na boku. Dlatego nie uwierzył w to dziecko ani w żadne moje słowo. Załamałam się. Nałykałam się tabletek jak jakaś idiotka, na szczęście mnie odratowali. Dzisiaj widzę, że przez własną głupotę zapłaciłabym za tę miłość najwyższą cenę. Nie warto.

Amelia przełknęła ślinę.

– Wiesz, kto za tym stał? – spytała cicho.

Ewa przytaknęła.

– Niejaka Karina, chociaż nie mam dowodów na sto procent. Czarny charakter w piłkarskim świecie WAGs. Jeśli nie miałaś z nią jeszcze do czynienia, to radzę ci uważać. Zrobi wszystko, żeby zniszczyć człowieka, byle tylko wyjść na swoje.

– Ewa, przepraszam cię. Nie miałam o niczym pojęcia. Nie wiedziałam, że Grzesiek z kimś jest. Nie wiem, jak wtedy bym się zachowała, być może nie nalegałabym tak bardzo na spotkania z nim. Ale ja naprawdę o niczym nie wiedziałam.

– Było, minęło. Teraz spotykam się z kimś spoza tego świata i powiem ci, że nareszcie jestem szczęśliwa – odpowiedziała Ewa, a potem po prostu się rozłączyła.

Rozdział 27

Czy życie WAGs naprawdę jest bajką?

Nie zazdrośćcie WAGs. Ich świat jest często smutny, samotny i nieszczęśliwy, napisała Alison Kervin, redaktorka sportowa w „Mail on Sunday" i jednocześnie pierwsza kobieta, która dostała takie stanowisko.

Ukrywany smutek i pustka tych kobiet są dalekie od stereotypu „noszę markowe ubrania, piję szampana i imprezuję przez całą noc". To zupełnie inna bajka, do której jednak nie chcą się przyznać. Bo miało być pięknie.

Amelia czytała ten reportaż z wypiekami na twarzy. Miała wrażenie, że czyta o sobie. O Esme. I o paru innych kobietach, które wybrały życie u boku piłkarza.

Kawy? – zapytała zdyszanym głosem, wskazując na lśniący czajnik w kuchni tak czystej i białej, że musiałam mrużyć oczy. Jej malutki top był biały, pasujący do lśniących końcówek paznokci. To była kobieta,

która raczej nie spędzała dni na wykonywaniu prozaicznych czynności domowych. Wzięłam moją kawę
w pięknej białej porcelanowej filiżance i poszłam za
tą drobną, szczupłą kobietą do salonu równie białego
jak jej kuchnia. Piłam kawę z jedną z WAGs angiel-
skiej drużyny piłkarskiej – przepiękną dziewczyną,
która mimo swoich zaledwie dwudziestu lat miała
już za sobą botoks, wypełniacze, zabiegi powiększenia
piersi i ujędrnienia brzucha.

„Musisz", powiedziała z całą powagą. „Musisz zrobić wszystko, aby zatrzymać swojego mężczyznę, ponieważ gdy tylko wyjdzie z domu, dowie się od innych
kobiet, jak bardzo jest zajebisty i jak marzą o tym,
żeby z nim być. Jeśli po powrocie do domu nie uzna
mnie za idealną, pewnego dnia w ogóle nie wróci".

Nie była osamotniona w swoim nastawieniu. Większość WAGs, które poznałam, czuła, że jedyna kontro-
la, jaką mają w swoim życiu, to ta nad własnym wyglądem. Czy takie życie naprawdę jest bajką?[10]

Zamknęła laptop i zamyśliła się.

Czy gdyby mogła cofnąć czas, wyszłaby tamtego
wieczoru na spotkanie z Marcinem i Grzegorzem?

Nagle jej wzrok padł na komórkę, która zawibrowała, wyświetlając nieznany jej numer.

– Tu Manuel. Musimy się spotkać – odezwał się
głos po drugiej stronie.

Zamarła.

– Nie mam na to najmniejszej ochoty. Chyba już dałeś mi do zrozumienia, jak bardzo lubisz mnie i mojego męża. Nie sądzę, żebym chciała wysłuchać tego po raz drugi.

Na moment zapadła cisza, ale po chwili Manuel znowu się odezwał.

– Amelia, odpuść. Do ciebie nic nie mam, ale za Grześkiem nie przepadam. I wierz mi, musimy się spotkać – powtórzył z naciskiem.

Coś jej mówiło, że powinna go posłuchać, chociaż była pełna złych przeczuć. Postanowiła jednak zaryzykować, tym bardziej że głos Manuela brzmiał jakoś dziwnie. Może chodziło o Megan? Może działo się coś złego? Z drugiej strony niby dlaczego miałby dzwonić właśnie do Amelii?

Uznała, że za dużo tych pytań, i zaproponowała restaurację La Cayetana. Weźmie ze sobą małego i przy okazji zjedzą jakiś lunch.

Wychodząc z domu, nie miała pojęcia, że ta rozmowa zmieni w jej życiu dosłownie wszystko.

Kiedy Grzegorz wrócił do domu, przywitała go ubrana w błękitną sukienkę Max Mary, z delikatnym makijażem. Długie włosy upięła w kok na czubku głowy. Na szyi zawiesiła delikatny łańcuszek, który kiedyś od niego dostała. Ale bransoletkę LOVE Cartiera położyła w oryginalnym opakowaniu na stoliku. Już jej nie potrzebowała.

Grzesiek podszedł do niej, pocałował ją w policzek i spojrzał z aprobatą.

– Zajebiście wyglądasz.

– Masz ochotę na kawę? – spytała z uśmiechem.

Skinął głową, więc przygotowała jego ulubione *espresso*. Zdążyła też zrobić listę zakupów i zaproponowała mu, żeby został z Jasiem. Zakupy były pretekstem, chciała po prostu mieć trochę czasu dla siebie, żeby raz jeszcze wszystko dokładnie przemyśleć.

– Jasne, idź.

Wróciła po dwóch godzinach szczęśliwa i pełna życia. Z mocnym postanowieniem, że powie Grzegorzowi wszystko, co sobie wcześniej zaplanowała. Rozpakowała zakupy i zaczęła gotować. To ją uspokoiło i pozwoliło nabrać sił.

Poszła do pokoju i spojrzała na drzemiącego Grzegorza i ich małego synka.

Dwie największe miłości jej życia.

Ale ona też miała prawo do swojego życia.

Grzesiek obudził się w końcu, ziewnął i usiadł na kanapie.

– Młody nieźle dał mi w kość. Płakał i płakał, nie mogłem go uspokoić. W końcu obaj padliśmy.

Powiem ci, że poczułem się prawie jak po godzinnym treningu na boisku.

Uśmiechnęła się.

– Odkąd jesteśmy razem, wiem, że to przeznaczenie. Nigdy nie spotkałam drugiej duszy, która tak by do mnie pasowała. Wiedziałam, że jesteś miłością mojego życia. Kochałam cię jak wariatka. W każdym momencie – i wtedy, kiedy tłum skandował na trybunach twoje nazwisko, i wtedy, kiedy płakałeś z przerażenia w domu, że nie podołasz wyzwaniu. Kiedy się śmiałeś i kiedy twoje oczy były smutne. Ale jedno musisz wiedzieć. Podczas gdy ty na treningu dajesz z siebie dwieście procent, ja dokładnie tyle samo daję w domu. Dlatego nie zasługuję na to wszystko.

– Ale Amelia... – próbował wejść jej w słowo.

– Nie przerywaj, teraz moja kolej. Nie miałeś prawa mówić do mnie, że jestem niewystarczająca. Że cię nie pociągam, że powinnam schudnąć. A może to ty jesteś po prostu „tylko" piłkarzem? I oprócz kopania piłki nie potrafisz stworzyć niczego innego? A już na pewno nie domu? A jednak nie potrafiłabym nazwać cię „niewystarczającym". Flirtowałeś z jakąś pierwszą lepszą dziewczyną, która pojawiła się na pikniku. A co najgorsze – skłamałeś w sprawie Megan.

Grzesiek zerwał się z kanapy.

– O czym ty mówisz?

Uśmiechnęła się gorzko.

– Wybaczałam ci wiele, i to zbyt często. To był mój błąd. Przestałam wierzyć w siebie i czuć się dobrze sama ze sobą. Liczyliście się tylko ty, twoja piłka i twoje humory. Ja zeszłam na dalszy plan i to mnie zgubiło. Nie ma nic gorszego od utraty pewności siebie i od poczucia bycia kimś drugiej kategorii. Nieważne, czy jest się kucharką, sprzątaczką czy WAG. W zasadzie jestem wdzięczna Manuelowi, że odkrył prawdę.

– Kurwa, Amelia, o czym ty mówisz?

– Manuel od samego początku podejrzewał, że to nie jest jego dziecko, jeszcze kiedy jego żona była w ciąży. Pamiętam, jak zaczepił mnie kiedyś na ulicy i był na ciebie totalnie wściekły. Nie miałam wtedy pojęcia, o co mu chodzi. Megan oczywiście szła w zaparte, ale on postanowił to sprawdzić. Na jednym z treningów wziął próbki twojego DNA i porównał z próbkami małej Inez.

Grzegorz zbladł.

– To niemożliwe... – wyszeptał.

– A jednak. Gratuluję, masz córkę.

– Amelia...

Podniosła rękę, nie chcąc, aby cokolwiek do niej mówił. Nie chciała słyszeć kolejnych kłamstw, wybielania się, tłumaczenia, że nic nie pamięta, że został wrobiony. Dotarło do niej, jak bardzo sama się oszukiwała, wmawiając sobie, że Grzesiek jest wspaniałym mężem, który czasem miewa słabsze dni. Esme czekała stanowczo zbyt długo, zanim zdecydowała się zrobić ostateczny krok. Amelia postanowiła, że nie będzie czekać, aż wydarzy się coś jeszcze gorszego.

– Jutro wracam do Warszawy. Wynajęłam już mieszkanie, zapisałam się również na nowy semestr na studia. Na Sardynię musisz polecieć sam, chociaż do tego czasu z pewnością znajdzie się niejedna chętna na moje miejsce. Odchodzę, Grzegorz, i nie ma takiej siły, która by mnie zatrzymała. Ani takiej torebki – dodała nieco złośliwie.

Wreszcie czuła się wolna.

Wolna i dumna z tego, że znalazła w sobie odwagę. Wychodząc za Grzegorza, zawarła nieświadomie faustowski pakt, ale cena była zbyt wysoka, by jakakolwiek kobieta mogła ją zapłacić.

Wreszcie to zrozumiała.

Piłkarze są kimś w rodzaju bogów, przynajmniej dla niektórych. I muszą mieć obok siebie kobietę, która to podkreśli na każdym kroku. A dodatkowo będzie piękna, młoda, szczęśliwa, uśmiechnięta, zadowolona z życia i zawsze dobrze ubrana.

Mit czy prawda?

Na to pytanie każdy musi odpowiedzieć sobie sam.

POSŁOWIE

Istnieją trzy typy kobiet, które na całą tę historię za-
reagowałyby w różny sposób.

Pierwszy to te, które przełknęłyby łzy poniżenia
i zostały ze swoim partnerem mimo wszystko.

Drugie to te, które odeszłyby, nie czekając na kolejne obietnice i przyrzeczenia.

Trzecie zaś maksymalnie wykorzystałyby swoje
pięć minut u boku piłkarza, odkładałyby pieniądze
i dopisały je do swojej listy zysków.

Zastanawiałaś się, jakim typem kobiety byłabyś Ty?

PRZYPISY

[1] https://jastrzabpost.pl/newsy/wiemy-ktore-polskie-wags-sa-
-najbogatsze-anna-lewandowska-sara-boruc-marina-luczen-
ko_378030.html

[2] https://www.pudelek.pl/marina-luczenko-wyprowadzila-sie-
-do-nowego-domu-za-granica-zdjecia-6735080642919136a

[3] https://www.pudelek.pl/marina-luczenko-wyprowadzila-sie-
-do-nowego-domu-za-granica-zdjecia-6735080642919136a

[4] https://www.pudelek.pl/artykul/103678/zobaczcie_najdroz-
sze_torebki_polskich_wags_zdjecia/foto_1

[5] https://www.pudelek.pl/artykul/112715/6 intymne_ujecia_
wakacje_i_pozowanie_w_bikini_tak_wyglada_zycie_nowej_
wag_zdjecia/foto_1

[6] https://gol24.pl/tag/jaroslaw-bieniuk-oskarzony-o-gwalt

[7] https://eurosport.tvn24.pl/pilka-nozna/achraf-hakimi-po-
stawiony-w-stan-oskarzenia-jest-poderzjany-o-gwalt-pilka-
-nozna_sto9524040/story.shtml

[8] https://sport.dziennik.pl/pilka-nozna/ligi-zagraniczne/
artykuly/8392689,oskarzenie-gwalt-sad-uniewinnienie-pilka-
rze-celta-vigo-santi-mina.html

[9] https://www.pudelek.pl/georgina-rodriguez-uzbrojona-w-
-dodatki-za-niemal-10-milionow-zlotych-paraduje-po-trybu-
nach-w-katarze-to-bal-czy-mecz-foto-6842390905580096a

[10] https://www.dailymail.co.uk/femail/article-1247849/Dont-
-envy-WAGs--Ive-seen-inside-world-shallow-lonely-miserab-
le.html

SPIS TREŚCI

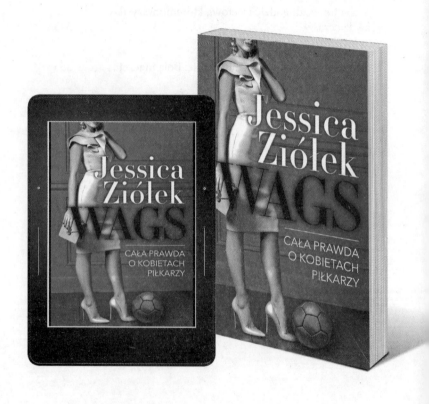

Książka dostępna również jako e-book.
Szukaj na vivelo.pl i w dobrych księgarniach.

Verónica Jiménez wierzyła w istnienie księżniczek i książąt do czasu, gdy jej książę zamienił się w ropuchę. Wtedy ku przerażeniu otoczenia postanowiła cieszyć się seksem bez zobowiązań. Wyznaczyła sobie jednak pewne zasady. Ale czy zasady nie są po to, żeby je łamać?

Kupisz na vivelo.pl i w dobrych księgarniach.

WAGS

Projekt okładki: Olga Bołdok-Banasikowska
Opracowanie graficzne: TYPO Marek Ugorowski

Redaktor prowadząca dział fiction: Małgorzata Hlal; mhlal@grupazpr.pl
Redaktor nadzorująca: Anna Sperling
Opracowanie literackie: Andżelika Mikusik
Redakcja: Anna Rozenberg
Korekta: Urszula Gac, Mariola Niedbał
Zdjęcia na okładce: Shutterstock
Zdjęcie Jessiki Ziółek: Archiwum prywatne autorki

Wydawca: TIME SA, ul. Jubilerska 10, 04-190 Warszawa

ISBN: 978-83-8343-067-6

**HARDE
WYDAWNICTWO**

Książkę możesz zamówić pod numerem telefonu: 22 590-55-50
lub na **VIVELO.pl**

Więcej o naszych autorach i książkach:

 facebook.com/hardewydawnictwo

 instagram.com/hardewydawnictwo

 tiktok.com/@harde.wydawnictwo

Dział sprzedaży i kontakt z czytelnikami: harde@grupazpr.pl

Druk i oprawa: Abedik SA